"*TI – Tecnologia da Informação: Empresa pronta para o futuro* é um passo a passo pela jornada arriscada da transformação digital. Leitura obrigatória para todo líder empresarial que esteja embarcando ou já mergulhou no desafio da transformação."
— **MAILE CARNEGIE**, executivo do grupo de varejo australiano do ANZ Bank

"*TI – Tecnologia da Informação: Empresa pronta para o futuro* é uma obra de arte e de utilidade. Vai da teoria à ação e à implementação e ilustra as melhores práticas das empresas líderes que já alinharam ao sucesso a cultura e a estratégia digital. Quer você esteja no meio de sua transformação digital, quer se preparando para ela, este livro é leitura necessária para sua próxima fase."
— **BERNARD GAVGANI**, CIO do grupo BNP Paribas

"*TI – Tecnologia da Informação: Empresa pronta para o futuro* é um guia prático e cheio de ideias para competir na economia digital de hoje em que o processamento instantâneo dos pedidos, o ciclo rápido de inovação, os concorrentes não tradicionais e as fronteiras indistintas entre os setores são o novo normal. Os caminhos e a transformação das funcionalidades delineados neste livro são úteis para todos os gestores de alto nível."
— **JONATHAN LARSEN**, diretor de inovação do Ping An Group; presidente do conselho e diretor executivo do Ping An Global Voyager Fund

TI
TECNOLOGIA DA INFORMAÇÃO
Empresa Pronta para o Futuro

TI
TECNOLOGIA DA INFORMAÇÃO
Empresa Pronta para o Futuro

Ferramentas e exemplos práticos
para a Implantação Digital

STEPHANIE L. WOERNER • PETER WEILL • INA M. SEBASTIAN

M.Books do Brasil Editora Ltda.

Rua Jorge Americano, 61 - Alto da Lapa
05083-130 - São Paulo - SP - Telefones: (11) 3645-0409/(11) 3645-0410
e-mail: vendas@mbooks.com.br
www.mbooks.com.br

Dados de catalogação na publicação

WOERNER, Stephanie L.; WEILL, Peter; SEBASTIAN, Ina M.
TI – Tecnologia da Informação: Empresa Pronta para o Futuro
2023 – São Paulo – M.Books do Brasil Editora Ltda.

1. Tecnologia da Informação   2. Administração de Empresas   3. Gestão de TI   4. Governança de TI

ISBN: 978-65-5800-112-6

Do original em inglês: Future Ready
Publicado originalmente por Harvard Business Review Press
© 2022 Stephanie L. Woerner, Peter Weill, Ina M. Sebastian
Figuras e tabelas © 2022 Massachusetts Institute of Technology

© 2023 M.Books do Brasil Editora Ltda.

Editor: Milton Mira de Assumpção Filho

Tradutora: Maria Beatriz Medina

Produção Editorial: Gisélia Costa

Diagramação: 3Pontos Apoio Editorial Ltda.

Capa: Isadora Mira

M.Books do Brasil Editora Ltda.
Todos os direitos reservados.
Proibida a reprodução total ou parcial.
Os infratores serão punidos na forma da lei.

Sumário

1. Como criar a empresa pronta para o futuro **9**

O que está em jogo? 10
Um manual para extrair valor do mundo digital 11
Estabeleça o contexto: a empresa pronta para o futuro 14
Experiência integrada 16
Prontas para o futuro 17
O avanço para estar pronto para o futuro 20
As quatro explosões 23
Funcionalidades prontas para o futuro a desenvolver 24
Criação e captura de valor 24
A estrutura do livro 28
Avaliação: estabeleça onde está a sua empresa 29
Exercício: desenvolva uma linguagem comum 33

2. Quatro caminhos para estar pronta para o futuro **34**

3. Caminho 1 .... **63**
Industrialize-se

4. Caminho 2
Primeiro, encante os clientes 81

5. Caminho 3 .... **100**
Alterne o foco, como se subisse uma escada

6. Caminho 4..**121**
Crie uma nova unidade

7. Lidere a transformação.. **141**

Equipes da alta administração 141
O papel do conselho administrativo 142
O que os líderes têm de acertar...146
Em que se concentrar primeiro 156
Registre sua transformação no painel de métricas....................159
É possível estar Pronto para o Futuro?....................................171

Notas... **173**

Índice remissivo **194**

Agradecimentos..**215**

Sobre os autores **222**

Capítulo 1

Como criar a empresa pronta para o futuro

Enquanto o mundo torna-se, rapidamente, cada vez mais digitalizado, as empresas correm para criar novo valor com o mundo digital e depois recuperar esse valor digital com seu desempenho financeiro.[1] Além de criar oportunidades para muitas empresas, a economia digital também constrói barreiras para as que não se adaptam com a rapidez necessária. Pense na Schneider Electric, que ajuda os clientes a reduzir até 30% do custo de energia enquanto gera metade de sua receita com serviços baseados em IoT (internet das coisas); desenvolver essa oportunidade exigiu visão, tempo e investimentos que seria difícil igualar. Ou pense na Cemex, que criou um modo inteiramente novo e muito melhor de interagir com os mestres de obras por meio de uma solução móvel que simplifica os pedidos e pagamentos e inclui o acompanhamento das entregas momento a momento. A digitalização facilita as parcerias em tempo real. Pense na WeChat, da China, que atende às necessidades diárias dos clientes com vários parceiros que oferecem produtos complementares. Ou na empresa americana Fidelity Investments, que faz parceria com preparadores de declarações tributárias, empresas de orientação financeira e prestadores de serviço de identidade para oferecer aos clientes serviços complementares selecionados além dos produtos principais da empresa.[2] A digitalização também permite tornar mais modulares os processos de negócios e criar oportunidades de inovação mais rápida por meio do reúso. Pense na Amazon, que ampliou a linha de produtos expandindo dos livros às compras e ao entretenimento e, mais recentemente, acrescentou componentes de serviço financeiro, como empréstimos e a venda de sua tecnologia subjacente como serviço por meio da AWS (Amazon Web Services). Vemos o valor de empresas como Amazon, Microsoft e Facebook, que aproveitam suas plataformas refletidas nas bolsas de valores. Mais recentemente, vimos empresas de alto desempenho fora do setor de tecnologia com equipes de liderança bem versadas no mundo digital usarem a mesma abordagem — como Charles Schwab, Visa, DBS e Dunkin' Brands.[3] A meta é desenvolver as funcionalidades digitais que permitem à empresa tradicional ter o máximo desempenho na economia digital e tornar-se uma empresa pronta para o futuro. Este livro foi pensado para ser um manual para as empresas terem sucesso na economia digital, ilustrado com exemplos motivadores e análises de dados que mostram que quem tem melhor desempenho opera de forma diferente. Incluímos autoavaliações para ajudar os líderes a testarem a si mesmos em relação aos que têm melhor desempenho e a avaliar a oportunidade e o progresso de sua transformação para ficarem prontos para o futuro.

O que está em jogo?

Para muitas empresas tradicionais, a viabilidade do modelo de negócios atual está em jogo. Essa questão nos foi mostrada com clareza na oficina realizada em um grande banco; vamos chamá-lo de BankCo. Esse banco operava com sucesso havia mais de cem anos e obtinha a maior parte de seu lucro com hipotecas. Antigamente, era o banco a que todos recorriam em busca de hipotecas nos maiores mercados. Mas, com o tempo, intermediários surgiram entre o banco e os clientes.

Os intermediários assumiram muitas formas. A mais comum era a de corretores de hipotecas que ofereciam aos clientes várias opções de fornecedores. Em geral, esses corretores eram empresas tradicionais e presenciais, mas algumas se situavam na internet, como a Rocket Mortgage nos Estados Unidos, a Domain na Austrália e a Habito no Reino Unido. Após um período, o percentual de hipotecas originadas por corretores chegou a exceder 50% da carteira hipotecária do banco. Ainda mais complicado era o fato de que, normalmente, o corretor absorvia 50% do lucro da hipoteca em taxas antecipadas e, às vezes, em comissões anuais e outros pagamentos.

O que mais confundia era a dificuldade de fazer a venda cruzada de outros produtos, mesmo que o banco fechasse a hipoteca, porque o corretor é que tinha a relação com o cliente.

O BankCo enfrentava uma escolha grave de modelo de negócios e identificou três opções. Eles deveriam avançar na direção do cliente, oferecer uma experiência hipotecária de primeiro nível e competir com os parceiros, como os corretores de hipotecas? Ou deveriam se afastar do cliente e tornar-se um fornecedor de alto nível de "hipotecas como serviço" ajustado ao ambiente regulatório de cada país? Com esta opção, na verdade eles venderiam um relacionamento fácil, com uma combinação de regulação/conformidade e taxas atraentes a qualquer intermediário que tivesse um cliente final que quisesse uma hipoteca. Eles seriam o PayPal das hipotecas: em vez de oferecer pagamento *plug and play*, forneceriam um produto hipotecário de boa marca capaz de se integrar sem problemas à plataforma de outras empresas. A terceira opção era fazer os dois. O problema da terceira opção era que a organização e as funcionalidades necessárias para avançar na direção do cliente eram muito diferentes do que seria preciso para oferecer hipotecas de alto nível a intermediários.

Ir na direção do cliente exige a habilidade de realmente escutar e responder à voz do cliente e de oferecer uma experiência extraordinária em toda a jornada de compra de um imóvel. Em contraste, afastar-se do cliente exige a criação de uma plataforma de hipotecas de alto nível que possa se conectar facilmente ao sistema de qualquer parceiro. Voltaremos ao BankCo em futuros capítulos e contaremos o que aconteceu. Sua empresa enfrenta esse tipo de escolha para a transformação? Provavelmente.

Um manual para extrair valor do mundo digital

Transformar uma empresa para ter sucesso na economia digital exige uma visão e um manual para ajudar os líderes empresariais a pôr essa visão em prática, motivar os funcionários, comunicar-se com os mercados e manter todos concentrados na mesma meta enquanto trabalham para criar valor novo no mundo cada vez mais digital. O arcabouço ou estrutura que desenvolvemos começa com a descrição do que significa "se tornar uma empresa pronta para o futuro".

12   TI – TECNOLOGIA DA INFORMAÇÃO: Empresa Pronta para o Futuro

Definimos que a empresa que passa por uma transformação de negócios com capacitação digital tem duas metas simultâneas: (1) usar as tecnologias e práticas digitais para se acelerar e (2) espremer os custos com a padronização e a automatização de processos, o reúso de dados, processos e tecnologia e a identificação de áreas nas quais a produtividade pode aumentar. Ao mesmo tempo, essas empresas usam práticas e tecnologias digitais para inovar, criar ofertas e serviços novos, identificar novas maneiras de engajar os clientes e desenvolver novos modelos de negócios e fluxos de receita. Algumas práticas e tecnologias digitais trarão ganhos de eficiência e oportunidades de inovação — por exemplo, serviços que permitem que uma funcionalidade central de interfaces de programação de aplicativos (API)[4] e seja padronizada e automatizada, que então podem ser reutilizados e, potencialmente, incluídos na oferta aos clientes de um novo produto.

Dizemos que as empresas que aprenderam a melhorar a experiência do cliente e a ser mais eficientes, de forma constante e simultânea, estão prontas para o futuro. As empresas prontas para o futuro consideram e usam ferramentas e abordagens digitais no início da tomada de decisões para abordar os grandes e pequenos desafios e as oportunidades. Entre essas ferramentas e abordagens digitais, estão a construção e o reúso de plataformas, as técnicas de testar e aprender, os métodos ágeis, as parcerias para crescer com conexões digitais, os painéis de métricas para acumular e medir valor e muito mais. As empresas prontas para o futuro têm melhor desempenho e têm crescimento médio estimado da receita de 17,3 pontos percentuais e margem líquida de 14 pontos percentuais acima da média do setor[5] — uma vantagem compensadora.

Desenvolvemos este manual fundamentado em mais de cinco anos de pesquisa rigorosa, mais de cinquenta entrevistas com executivos e vários questionários aplicados a um total de mais de duas mil pessoas, tudo testado em oficinas de campo com equipes e conselhos da alta gestão de empresas do mundo inteiro, em diversos setores, além de muitas apresentações e palestras de especialistas.

A Figura 1-1 descreve a jornada que recomendamos aos líderes para deixar sua empresa pronta para o futuro com o melhor desempenho na economia digital.

Sua jornada para estar pronto para o futuro

Pronta para o futuro

Acumular
valor

Construir
funcionalidades

Prever
as explosões

Comprometer-se
com um caminho

Motivar
com um propósito forte

- **Motivar:** Expor o propósito da empresa aos funcionários, gerentes, diretores e parceiros e alinhá-lo à transformação para estar pronta para o futuro. A transformação em negócio digital é difícil para a empresa inteira, e um propósito forte dá sentido a todos durante a jornada.

- **Comprometer-se:** Escolha um dos quatro caminhos que identificamos aqui ou avance em mais de um, se essa for sua estratégia. Transmita o(s) caminho(s) e crie uma linguagem comum que todos na empresa entendam e usem para descrever a jornada.

- **Prever:** Prepare-se para os desafios mais comuns — nós os chamamos de explosões organizacionais — que ocorrem em todas as transformações digitais e administre-os.

14 TI – TECNOLOGIA DA INFORMAÇÃO: Empresa Pronta para o Futuro

- **Construir:** Desenvolva as dez funcionalidades que as empresas prontas para o futuro têm em comum e ajudam a criar valor.

- **Acumular:** Com o tempo, crie, capture e acompanhe os três tipos de valor: das operações, dos clientes e dos ecossistemas.

Estabeleça o contexto: a empresa pronta para o futuro

As duas dimensões em que as empresas melhoram — eficiência operacional e experiência do cliente — criam um arcabouço 2×2 que descreve quatro tipos de empresas, e as prontas para o futuro estão no quadrante superior direito (veja a Figura 1-2). Com várias métricas para cada dimensão, posicionamos 1.311 empresas na categoria das prontas para o futuro em relação às concorrentes. A receita média anual estimada dessas empresas foi de US$ 4,8 bilhões.[6]

Silos e espaguete

A maioria das grandes empresas, em geral com um extenso catálogo de produtos desenvolvidos ou adquiridos durante muitos anos, começa no quadrante inferior esquerdo, com experiência do cliente e operações tradicionais. É aí que ficam 51% das empresas; quanto maior e mais antiga, é mais provável que a empresa esteja nesse quadrante. Elas têm vários *silos* (conjuntos de sistemas num subconjunto da empresa que sustenta uma unidade de negócios, um produto, uma região geográfica ou um tipo de cliente) incompatíveis com os outros sistemas ou não integrados a eles. Novos silos são acrescentados quando novos produtos, novas regiões geográficas, novos tipos de cliente ou novas ofertas de serviços se somam à base legada existente (ou quando é preciso seguir nova regulamentação) e ficam desconectados. Então essas empresas criam *espaguete* quando as soluções ponto a ponto envolvem conectar muitos sistemas a muitos outros — principalmente quando é preciso extrair dados —, e o sistema geral fica parecendo um prato de espaguete.

1-2 Tornando-se pronta para o futuro

Experiência integrada	Pronta para o futuro
• O cliente obtém uma experiência integrada (simulada) apesar das operações complexas • *Design* e experiência do usuário robustos • Rica experiência em dispositivos móveis, inclusive de compra de produtos	• Inova e reduz custos ao mesmo tempo • Ótima experiência do cliente • Parcerias dinâmicas • Os dados são um ativo estratégico |//
Silos e espaguete	**Industrializadas**
• Baseada em produtos • Paisagem complexa de processos, sistemas e dados • Desempenho obtido com heroísmo	• Produtos e serviços *plug and play* • Joias da coroa habilitadas para o serviço • Uma única melhor maneira de cumprir cada tarefa importante • Uma única fonte de verdade

Eficiência operacional ⟶ Transformada
Aumento de automação, padronização, reúso e produtividade

Fonte: A estrutura e os caminhos da empresa pronta para o futuro se basearam numa série de conversas e entrevistas realizadas entre 2015 e 2017 com altos executivos do mundo inteiro sobre a transformação digital. A estrutura, os caminhos e os dados de desempenho foram quantificadas em duas pesquisas do MIT CISR (2017 e 2019), com novas entrevistas e mais de quarenta oficinas entre 2018 e 2022.

Isso produz um conjunto complexo de dados, sistemas e processos de negócios para sustentar os produtos. O resultado é uma experiência fragmentada, trabalhosa e frustrante, tanto para os clientes quanto para os funcionários, em geral piorada pelos silos de produtos. Com frequência, a capacidade dessas empresas em oferecer ao cliente uma experiência cativante depende muito do heroísmo dos funcionários. Recentemente, um dos autores deste livro ajudou os pais com serviços bancários para acrescentar um membro da família a uma conta-corrente e verificar os beneficiários. Depois de várias conversas preliminares, foi preciso levar quatro membros da família à mesma agência bancária ao mesmo tempo, seguido

16 TI – TECNOLOGIA DA INFORMAÇÃO: Empresa Pronta para o Futuro

por uma hora em que os funcionários preencheram formulários enquanto os membros da família observavam e esperavam. Só com a ajuda de outro funcionário de uma unidade diferente essas duas tarefas simples foram cumpridas. No fim do tormento, todos os envolvidos estavam frustrados. Não deveria surpreender que o crescimento da receita e a margem de lucro líquido das empresas desse quadrante foram os menores: em média 10,5 e 6,5 pontos percentuais abaixo da média do setor (veja a Figura 1-3).

Industrializadas

As empresas industrializadas (quadrante inferior direito) concentram o esforço inicial de transformação ao adotarem melhores práticas de engenharia na automação das operações. Elas usam as funcionalidades que as tornaram grandes empresas (suas joias da coroa) e as transformam em serviços digitalizados modulares e padronizados. Empresas desse grupo desenvolvem a melhor maneira de lidar com cada tarefa importante (por exemplo, processar as solicitações de seguro, integrar um cliente, avaliar riscos) e se esforçam para padronizá-la na empresa toda. Configuram os produtos/serviços digitalizados internos e do cliente em módulos *plug-and-play* para atender às necessidades do cliente de forma rápida e barata. Combinam os dados coletados na interação com os clientes e em outras ocasiões para se tornarem uma única fonte da verdade que qualquer pessoa autorizada da empresa possa usar para tomar decisões. Com o tempo, muitos desses processos e decisões são automatizados. Apenas 7% das 1.311 empresas eram industrializadas e relatavam um crescimento médio da receita de 1,7 ponto percentual abaixo da média do setor e margem líquida 2,4 pontos percentuais acima da média do setor. Essa mistura de margem líquida superior e crescimento da receita levemente inferior à média do setor reflete o foco na industrialização e na eficiência operacional das empresas desse quadrante.

Experiência integrada

As empresas no quadrante da experiência integrada (superior esquerdo) investem em oferecer ao cliente uma experiência melhor do que a média do setor, apesar da complexidade de suas operações. As empresas que querem oferecer uma experiência integrada desenvolvem *sites* e aplicativos móveis atraentes e contratam designers e mais gerentes de relacionamento para melhorar a experiência do cliente. Muitas tentam melhorar a experiência do cliente investindo em funções analíticas. No entanto, embora melhorem a experiência do cliente, essas empresas de experiência integrada costumam sofrer aumento no custo do atendimento, pois os processos de negócios, a tecnologia e a estrutura de dados subjacentes continuam complexos ou ficam mais frágeis. Cerca de 20% das empresas estão no quadrante da experiência integrada, e seu desempenho fica na média do setor, com crescimento médio da receita de 0,9 e margem líquida de 0,5 pontos percentuais abaixo da média, resultado muito melhor quando comparado às empresas de silos e espaguete.

Prontas para o futuro

As empresas prontas para o futuro conseguem inovar para engajar e satisfazer os clientes e, ao mesmo tempo, reduzir o custo. Em geral, sua meta é atender à necessidade dos clientes em vez de empurrar produtos, e os clientes esperam uma boa experiência qualquer que seja o canal de prestação de serviços escolhido. No lado das operações, as funcionalidades da empresa são ágeis e modulares; os dados são um ativo estratégico compartilhado e acessível a todos os que precisarem deles. Essas empresas percebem que não podem fazer tudo isso sozinhas e são organizadas para aproveitar parceiros e agregar mais valor para os clientes.

Descobrimos que 22% das empresas estavam prontas para o futuro. Essas empresas prontas para o futuro tinham o melhor desempenho, com crescimento médio estimado da receita e margem líquida respectivamente de 17,3 e 14 pontos percentuais acima da média do setor. Um exemplo de empresa pronta para o futuro é o DBS, considerado por muitos "o melhor banco do mundo", com excelente experiência do cliente e desempenho financeiro robusto, e que na última década se transformou para ficar pronto para o futuro.[7] Descreveremos a jornada do DBS no Capítulo 5.

18 TI – TECNOLOGIA DA INFORMAÇÃO: Empresa Pronta para o Futuro

Percentual de empresas por quadrante na estrutura pronta para o futuro e seu desempenho

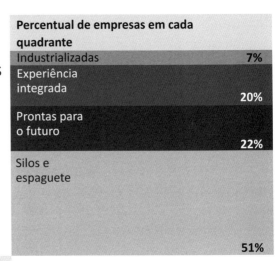

Fonte: A estrutura e os caminhos da empresa pronta para o futuro estão fundamentadas numa série de conversas e entrevistas realizadas entre 2015 e 2017 com altos executivos do mundo inteiro sobre a transformação digital. A estrutura, os caminhos e os dados de desempenho foram quantificados em duas pesquisas MIT CISR (2017 e 2019), com novas entrevistas e mais de quarenta oficinas entre 2018 e 2022. A margem de lucro líquido/crescimento da receita autoinformada correspondeu significativamente à margem de lucro líquido/crescimento da receita real, com p < 0,01. A margem de lucro líquido e o crescimento da receita são comparados por setor e a média é truncada em 5% para remover pontos fora da curva.

Há diferenças interessantes entre os setores na distribuição de empresas por quadrante (veja a Figura 1-4). Por exemplo, o setor com o percentual mais alto de empresas Prontas para o futuro é o de tecnologia, seguido pelos serviços de TI. Os setores com mais empresas no quadrante de Silos e espaguete são mineração, petróleo e gás, entidades governamentais e sem fins lucrativos, assistência médica e serviços financeiros (embora os serviços financeiros também tenham um percentual acima da média de empresas prontas para o futuro). Uma passada de olhos nas colunas de Industrializadas e Experiência integrada dá uma ideia rápida da direção que esses setores seguiram em sua jornada a partir dos silos e espaguete para ficarem prontos para o futuro.

Sabemos que quase toda empresa pensa em aproveitar o mundo digital, mas queríamos ver se houve diferenças entre a média das empresas da amostra e as pequenas e médias empresas (PME) na transformação para se prepararem para o futuro. Houve menos diferenças do que esperávamos, mas algumas são importantes.

Examinamos as empresas no quartil inferior de receita anual em relação às empresas de tamanho médio. Houve bem menos empresas menores em Silos e espaguete (45%) do que a média (51%) e mais empresas menores na Experiência integrada (29% contra 20%). Houve o mesmo percentual de PME em Prontas para o futuro e na média (22%). Em geral, as empresas mais novas e menores são projetadas para estarem prontas para o futuro.

(1-4) Arcabouço pronto para o futuro por setor

Setor	Silos e espaguete	Industriali-zadas	Experiência integrada	Prontas para o futuro
Tecnologia	35%	2%	26%	37%
Serviços de TI	42%	3%	30%	26%
Serviços financeiros	56%	7%	13%	24%
Assistência médica	60%	3%	14%	23%
Indústria pesada	54%	9%	16%	22%
Indústria em geral	48%	11%	19%	22%
Serviços	51%	6%	23%	20%
Mídia e telecomunicações	35%	9%	39%	20%
Bens de consumo	51%	5%	31%	13%
Mineração, petróleo e gás	68%	9%	14%	9%
Entidades governamentais e sem fins lucrativos	60%	7%	33%	0%

Fonte: MIT CISR 2019 Top Management Teams and Transformation Survey (N = 1.311). O setor é autoindicado. Os grupamentos por setor se baseiam na codificação do NAICS (North American Industry Classification System, sistema norte-americano de classificação de setores).

O desafio adicional das grandes empresas

Muitas empresas com que o MIT Center for Information Systems Research (CISR, centro de pesquisa em sistemas de informações do Massachusetts Institute of Technology) trabalha são muito grandes, com mais de 20 bilhões de dólares de receita anual. Notamos que, para essas empresas muito grandes, passar de Silos e espaguete para qualquer um dos outros quadrantes é ainda mais difícil do que para a empresa média descrita antes. Assim, examinamos 350 empresas com ações na bolsa e receita média de 29,5 bilhões de dólares, e o resultado foi muito preocupante. Só 9% dessas grandes empresas, contra 22% da média, ficaram prontas para o futuro em relação aos concorrentes. Cerca de 70% dessas grandes empresas estavam em Silos e espaguete, comparadas a 51% da média. O bom é que os 9% das grandes empresas que estão Prontas para o futuro também foram as de melhor desempenho.

Essas empresas muito grandes enfrentam todos os desafios que a empresa média encontra na jornada para se preparar para o futuro e mais a escala imensa e, muitas vezes, operações globais. Criar visão clara, linguagem comum, mudança cultural, plataformas de tecnologia reusáveis e todas as outras coisas necessárias para a transformação é mais difícil, mas ainda mais importante nas empresas muito grandes.

Medimos de várias maneiras o progresso para a empresa ficar pronta para o futuro. Por exemplo, pedimos a altos executivos que estimassem até que ponto avançaram na transformação proposta pelo conselho diretor. A resposta a essa pergunta foi, em média, 33% na pesquisa de 2016 e 50% na de 2019, com mais progresso observado em estudos de caso desde então — ilustrando que a empresa média fez um progresso lento e constante em relação às promessas feitas ao conselho. Mas, como avaliamos as empresas prontas para o futuro em relação aos concorrentes do setor, o padrão sobe, pois todas as empresas melhoram e a recompensa do desempenho continua robusta.

O avanço para estar pronta para o futuro

Identificamos quatro caminhos que as empresas podem seguir para ficarem prontas para o futuro. Cada caminho começa no quadrante inferior esquerdo (Silos e espaguete) e envolve uma disrupção organizacional significativa para se tornar pronta para o futuro (ver a Figura 1-5). Descreveremos esses caminhos com detalhes em capítulos posteriores.

Caminho 1: Industrialize-se

O caminho 1 leva as empresas de silos e espaguete para Industrializadas. Esse caminho se baseia na construção de uma mentalidade de plataforma com serviços de negócios capacitados por API (Application Programming Interface, interface de programação de aplicativo) ou semelhante, que possam ser acessados por toda a empresa e externamente. Ele permite à empresa eliminar muitos processos e sistemas legados. O caminho 1 também exige suspender muitos outros projetos atraentes, pelo menos a princípio. Computação em nuvem, API, microsserviços e melhores arquiteturas de solução tornam esse processo de industrialização mais rápido, menos arriscado e menos disruptivo.[8]

1-5 Os quatro caminhos para estar pronta para o futuro

Fonte: A estrutura e os caminhos da empresa pronta para o futuro estão fundamentados numa série de conversas e entrevistas realizadas entre 2015 e 2017 com altos executivos do mundo inteiro sobre a transformação digital. A estrutura, os caminhos e os dados de desempenho foram quantificados em duas pesquisas MIT CISR (2017 e 2019), com novas entrevistas e mais de quarenta oficinas entre 2018 e 2022.

Caminho 2: Primeiro, encante os clientes

O caminho 2 envolve passar de Silos e espaguete para Experiência integrada. As empresas escolhem essa estratégia quando sua meta mais premente é melhorar a experiência do cliente na empresa toda, mas lidam com vários silos organizacionais. Tipicamente, elas tentam fazer várias coisas ao mesmo tempo: desenvolver novas ofertas atraentes, criar *sites* e aplicativos móveis, melhorar a experiência do cliente em diversos canais e empoderar os gerentes de relacionamento, tudo com o objetivo de encantar o cliente. Embora em geral a experiência do cliente melhore, uma desvantagem desse caminho é que, a princípio, ele acrescenta mais complexidade a sistemas e processos já fragmentados e aumenta o custo do atendimento ao cliente.

Caminho 3: Alterne o foco, como se subisse uma escada

As empresas no caminho 3 alternam o foco entre a melhora da experiência do cliente e o aprimoramento das operações, lá e cá, num progresso constante para ficarem prontas para o futuro. As empresas mudam o foco de um lado para o outro com esforços mais breves — digamos, durante seis meses — e passam as lições e funcionalidades de um degrau a outro. Por exemplo, o primeiro passo pode ser um projeto para implementar uma experiência onicanal. Depois, as empresas aprimoram as operações, talvez substituindo alguns processos legados ou criando uma camada de API. Em seguida, podem montar um conjunto mais atraente de ofertas para o cliente com uso mais inteligente dos dados internos. Com essa abordagem, a diferença entre sucesso e fracasso é ter um mapa que configure o esforço de todos, em vez de adotar uma abordagem aleatória.

Caminho 4: Crie uma nova unidade

Os líderes escolhem o caminho 4 quando transformar a empresa existente seria uma batalha árdua morro acima ou quando surge uma oportunidade atraente em que o sucesso depende de a unidade estar pronta para o futuro desde o princípio. A vantagem do caminho 4 é possibilitar à empresa montar sua base de clientes, seu pessoal, sua cultura, seus processos e sistemas para nascerem prontos para o futuro. Não é preciso lidar com sistemas legados, silos e mudança cultural. O desafio é que, assim que a nova entidade tiver sucesso, como os líderes a integrarão à empresa existente? Será que devem fazer essa integração?

Caminhos múltiplos

O(s) caminho(s) que sua empresa escolhe depende(m) de sua posição competitiva. Conversamos com muitas empresas grandes nas quais o caminho adequado para uma unidade de negócios não daria muito certo em outra. Por exemplo, uma empresa é líder em experiência do cliente e pode se concentrar no caminho 1 para se transformar, enquanto outra é retardatária na experiência do cliente e precisa seguir o caminho 2 para permanecer competitivo. Ou a empresa cria uma inovação do modelo de negócios que deseja aproveitar numa nova unidade (caminho 4) e, ao mesmo tempo, precisa transformar a empresa atual subindo a escada do caminho 3. Nesses casos, faz sentido avançar por vários caminhos. Mas há uma grande ressalva: as empresas que seguem vários caminhos precisam coordená-los, senão correm o risco de aumentar a complexidade e a fragmentação, e o progresso se desacelerará de forma mensurável.

As quatro explosões

As empresas precisam lidar com mudanças organizacionais difíceis para desenvolver novas funcionalidades operacionais e de experiência do cliente. Chamamos essas mudanças de explosões organizacionais porque é com o que se parecem quando acontecem. As mudanças são significativas, disruptivas e afetam a maior parte dos funcionários e parceiros da empresa. Algumas explosões não são novas e perseguem as empresas há décadas. Mas, quando bem controladas, essas quatro explosões facilitam a jornada para a empresa ficar pronta para o futuro e criam uma cultura mais ágil, digitalmente bem informada e colaborativa. Para criar em vez de destruir valor, as explosões devem ser abordadas com cuidado, seu impacto deve ser previsto e controlado. Em geral, decidir de forma explícita com quem e como administrar as explosões reduz o tempo e aumenta a probabilidade de sucesso na preparação para o futuro. Descreveremos essas explosões

24   TI – TECNOLOGIA DA INFORMAÇÃO: Empresa Pronta para o Futuro

com mais detalhes no Capítulo 2 e mostraremos como empresas diferentes lidaram com elas nos Capítulos 3 a 6.

Funcionalidades prontas para o futuro a desenvolver

Para criar novos tipos de valor, as empresas não podem confiar apenas nos pontos fortes existentes; precisam também inovar para aproveitar tecnologias poderosas e disponíveis. É necessário desenvolver maneiras de adaptar recursos e criar novas funcionalidades com a mudança do ambiente — por exemplo, inovar para realizar uma mudança radical de desempenho ou atuar em resposta às ações de concorrentes, clientes, parceiros e tecnologias. As empresas prontas para o futuro têm dez funcionalidades em comum que ajudam a criar valor, obter vantagens competitivas sustentadas e aumentar a capacidade de adaptação ao que o futuro trouxer. No Capítulo 7, descrevemos as funcionalidades, mostraremos que cada caminho se baseia, desde o começo, num conjunto diferente de funcionalidades e propomos uma avaliação para você verificar com que eficácia sua empresa constrói essas funcionalidades.

Criação e captura de valor: primeiros indicadores do desempenho pronto para o futuro

Na era digital, o modo como as empresas criam e obtêm valor está mudando. A eficiência operacional e a experiência direta do cliente ainda são fundamentais, mas o foco dos negócios digitais está mudando para incluir as grandes ofertas digitais e a criação com os parceiros de um destino certo para os clientes. Essa mudança é promovida pela nova expectativa do cliente de experiências digitais integradas que satisfazem a sua necessidade mais completa, ao lado de funcionalidades digitais que tornam mais fácil e barata a colaboração em tempo real. No mundo do destino certo, as empresas maximizam o valor quando colaboram com parceiros para aumentar as oportunidades, buscar abordagens ganha-ganha e dividir o lucro, em vez de recorrer à abordagem mais perde-ganha do passado.

O segredo do sucesso na transformação é criar valor com iniciativas digitais, capturar esse valor no desempenho da empresa e depois acumular esse valor com o tempo. Para medir o progresso, identificamos três tipos de valor que as empresas criam a partir de iniciativas digitais na jornada de preparação para o futuro. Descreveremos os três tipos aqui, discutiremos como algumas empresas criaram e capturaram valor nos Capítulos 3 a 6 e, no Capítulo 7, falaremos como criar um painel de métricas para medir a acumulação de valor na jornada de transformação. Saber em que ponto estamos exige dois tipos de medição: o que indica o sucesso da transformação por mostrar qual valor é capturado e o que acompanha a eficácia da criação de funcionalidades prontas para o futuro para mostrar como esse valor é criado.[9]

O valor engloba todos os resultados benéficos dos negócios digitais, como custo mais baixo, melhor experiência do cliente, mais fidelidade e crescimento com vendas cruzadas e produtos inovadores. Os executivos descrevem a criação de três tipos de valor digital (ver a Figura 1-6). Com base nesses três tipos, conjeturamos um quarto tipo, o valor da empresa a longo prazo.

Valor originado das operações

A base dos negócios digitais, o valor vindo das operações, inclui redução de custos e aumento de eficiência e rapidez. Em nossa pesquisa, as empresas criaram esse valor com o desenvolvimento de componentes modulares, automatização de processos e por se tornarem mais ágeis e abertas. As empresas se avaliaram, em média, como 54% eficazes na criação desse valor.

Valor originado dos clientes

O valor vindo dos clientes engloba o aumento de receita oriunda dos clientes por meio de vendas cruzadas e novas ofertas somado à aderência e à fidelidade dos clientes. Ajudar os clientes a satisfazer suas necessidades, oferecer uma ótima experiência do cliente e agir com constância e propósito ajudam a criar esse valor. As empresas podem aproveitar a interdependência da criação de valor com base nos clientes e nas operações. Por exemplo, as ofertas de autoatendimento ajudam a criar valor com os clientes e as operações. Criar valor com base nos clientes é um bom previsor do sucesso da empresa; em média, as empresas se avaliaram como 40% eficazes na criação desse valor.

As empresas precisam criar e capturar tipos diferentes de valor

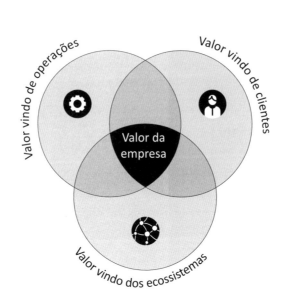

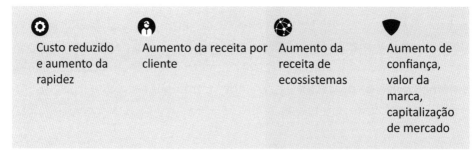

Fonte: O modelo se baseia em vinte e três entrevistas com executivos em 2020. Análise estatística com MIT CISR 2019 Top Management Teams and Transformation Survey (N = 1.311). As três fontes de valor são correlacionadas. O valor da empresa é criado quando as empresas são eficazes na geração dos outros tipos de valor; avaliar esse valor não fez parte da pesquisa atual.

Valor originado dos ecossistemas

A criação de valor a partir dos ecossistemas costuma ser desdenhada ou negligenciada, mas, quando a empresa passa a projetos de negócios digitalmente mais capacitados e baseados em parceiros, o valor do ecossistema fica mais importante e se torna uma grande influência sobre o desempenho da empresa.[10] As empresas criam valor significativo com os ecossistemas quando aproveitam as parcerias para oferecer destinos certos, que aumentam o acesso (obter mais clientes) e o alcance (oferecer mais produtos).[11] A captura de valor com os ecossistemas fundamenta-se no desenvolvimento da receita a partir de um ecossistema que a empresa lidera ou de que participa e no qual obtém novo valor com os clientes e as operações por meio de parcerias. Em média, as empresas foram 30% eficazes na criação de valor vindo ou originado dos ecossistemas.

Os três tipos de valor acumulado foram previsores significativos do desempenho individual da empresa. O valor vindo dos clientes teve o maior impacto relativo; em seguida, veio o valor vindo dos ecossistemas; finalmente, o valor vindo das operações tiveram o menor impacto. No entanto, o valor das operações é o andaime do negócio digital, e assim, mesmo que ofereça o menor impacto direto, ele é fundamental para criar e capturar valor com os clientes e ecossistemas.

Na média das empresas de hoje, o valor vindo dos ecossistemas contribui apenas com uma pequena parte do aumento da receita e da rentabilidade, mas achamos que, no futuro, o valor do ecossistema dará uma contribuição significativa para o desempenho das empresas que o criam. Embora muitas empresas não consigam aproveitar o pleno potencial do valor dos principais ecossistemas, por participar de um ecossistema e buscar iniciativas digitais elas podem, com o tempo, aumentar esse valor.

Esperamos que as empresas que tiverem sucesso na captura dos três tipos de valor e controlarem a superposição também criem valor geral em prazo mais longo, como o valor da marca, da confiança e da capitalização de mercado.

As empresas maiores podem aprender com as pequenas e médias a capturar valor, principalmente o valor vindo dos clientes e dos ecossistemas. Não há diferença significativa no valor que as PME e as grandes empresas capturam com as operações. No entanto, as PME são melhores do que as grandes na captura de valor com os clientes e os ecossistemas. Provavelmente, isso acontece porque as PME, por serem menores e, muitas vezes, locais, precisam estar mais próximas do cliente para sobreviver; tipicamente, não têm reconhecimento elevado da marca nem grande orçamento de publicidade. Nossa hipótese é de que as PME terão mais probabilidade de capturar valor com os ecossistemas como produtores modulares,[12]

28 TI – TECNOLOGIA DA INFORMAÇÃO: Empresa Pronta para o Futuro

conectando-se ao ecossistema das empresas maiores para oferecer serviços locais ou específicos.

A estrutura do livro

Neste capítulo, estabelecemos o arcabouço da preparação para o futuro e descrevemos o manual. No fim deste capítulo, há uma avaliação para ajudar as equipes de altos executivos a determinar onde estão no arcabouço. Também há um exercício para ajudar os líderes empresariais a desenvolver uma linguagem em comum, que é um capacitador fundamental para a empresa estar pronta para o futuro. Nos capítulos subsequentes, descrevemos as melhores práticas (a partir de entrevistas e análises estatísticas) e estudos de caso para ilustrar como avançar e se tornar pronto para o futuro. Os estudos de caso são projetados para contar o que deu certo e ajudar a inspirar você e os seus colegas.

No Capítulo 2, descrevemos com detalhes os quatro caminhos para se preparar para o futuro e o que esperar em cada um deles. Para ilustrar as diversas escolhas das empresas, descrevemos uma empresa de serviços financeiros depois de cada um dos quatro caminhos e uma para os caminhos múltiplos (caminho 1: Danske Bank; caminho 2: mBank; caminho 3: BBVA; caminho 4: ING; caminhos múltiplos: Bancolombia). Mostramos de que modo o BBVA administrou com eficácia as quatro explosões. Terminamos com um exercício em grupo para identificar em que caminho(s) está a sua empresa e uma avaliação de como controlar as explosões com eficácia.

Nos Capítulos 3 a 6, descrevemos a jornada em cada um dos quatro caminhos com estudos de caso. No Capítulo 3, descrevemos as transformações do caminho 1 da Kaiser Permanente e da Tetra Pak. Concluímos com aquilo em que os líderes deveriam se concentrar: criar plataformas e inovar com rapidez. No Capítulo 4, destacamos as transformações do caminho 2 da CarMax e da CEMEX. Na transformação do caminho 2, os líderes precisam se concentrar cedo em encantar os clientes e depois, no processo de replataforma. No Capítulo 5, examinamos o caminho 3 e o desafio de manter o progresso enquanto o foco se alterna entre a eficiência operacional e a experiência do cliente; os líderes precisam se concentrar na sincronização para garantir o progresso. Dois estudos de caso, DBS e KPN, ilustram o sucesso no caminho 3. O Capítulo 6 trata do caminho 4, a criação de novas unidades digitais que já nascem digitais; os líderes têm de se concentrar em criar uma nova empresa de sucesso. Usamos a TradeLens e a Domain para destacar as oportunidades e os desafios de criar uma nova unidade. Apresentamos quatro perguntas que os líderes empresariais devem fazer ao criar uma nova unidade que já nasça digital (que é como uma *startup*, mas com um benfeitor corporativo).

Para encerrar o livro, no Capítulo 7 discutimos o papel dos líderes, inclusive a alta administração e o conselho consultivo, ao guiar a empresa para estar pronta para o futuro. Para ajudar os líderes a se manterem nos trilhos do caminho escolhido para tornar a empresa pronta para o futuro, mostramos um painel de métricas da acumulação de valor com o passar do tempo, com valores de referência para comparação. Mostramos um exercício que ajuda a construir um painel de métricas para acompanhar o valor e as funcionalidades (o *quê* e o *como* do valor) no decorrer da transformação. Terminamos o livro com algumas ideias sobre o que é necessário para a empresa estar pronta para o futuro e se manter assim no decorrer do tempo.

Avaliação: estabeleça onde está a sua empresa

Essa autoavaliação identifica onde a sua empresa está hoje no arcabouço pronto para o futuro. Dê uma nota à eficácia da sua empresa em relação aos concorrentes numa escala de 0 a 100% nos dois eixos do arcabouço pronto para o futuro (veja a Figura 1-7a) Comece avaliando a eficiência operacional, inclusive a simplificação de processos e serviços, a capacitação das funcionalidades principais com API e a sua disponibilização (interna e externa). Dê nota a quatro áreas decisivas da eficiência operacional e tire uma média para obter um percentual único de eficiência operacional. Então, faça o mesmo com a experiência do cliente da empresa; concentre-se na eficácia com que, comparada aos concorrentes, a sua empresa amplifica internamente a voz do cliente e desenvolve a experiência do cliente com os negócios e produtos. Finalmente, acrescente essas notas no arcabouço pronto para o futuro (veja a Figura 1-7b).

30 TI – TECNOLOGIA DA INFORMAÇÃO: Empresa Pronta para o Futuro

(1-7a) Avaliação do arcabouço pronto para o futuro

Numa escala de 0% (nada eficaz) a 100% (muito eficaz), com 50% sendo igual aos seus concorrentes, qual a eficácia da sua empresa em:

Eficiência operacional
(eixo x do arcabouço pronto para o futuro)

Simplificar e automatizar os processos de negócios	%
Capacitar as funcionalidades centrais para o serviço com API	%
Reusar as funcionalidades centrais e os módulos de serviço	%
Medir a produtividade e a eficiência	%

Média %

Experiência do cliente
(eixo y do arcabouço pronto para o futuro)

Amplificar a voz do cliente dentro da empresa	%
Desenvolver a experiência do cliente com negócios/produtos	%
Definir quem pode desenvolver novas ofertas e experiências para o cliente	%
Medir a eficácia das ofertas para o cliente	%

Média %

Fonte: O arcabouço e os caminhos da empresa pronta para o futuro se basearam numa série de conversas e entrevistas realizadas entre 2015 e 2017 com altos executivos do mundo inteiro sobre a transformação digital. O arcabouço, os caminhos e os dados de desempenho foram quantificados em duas pesquisas MIT CISR (2017 e 2019), com novas entrevistas e mais de quarenta oficinas entre 2018 e 2022.

Recomendamos que você peça a vários colegas da empresa que façam essa avaliação de forma independente e depois comparem o resultado. Você terá um quadro mais completo de onde está a empresa e, provavelmente, identificará avaliações divergentes em várias partes da empresa. Preste atenção às diferenças e use-as como oportunidade de debater o futuro.

Exercício: desenvolva uma linguagem comum

Com os resultados da avaliação, vamos começar a conversar. Um dos exercícios que fazemos em nossas oficinas no MIT CISR com equipes de altos

1-7b Localização da sua empresa no arcabouço pronto para o futuro

executivos é compartilhar os dados de desempenho e os exemplos de empresas que estão se preparando para o futuro. Então, pedimos que a equipe de diretores se divida em pequenos grupos e discuta como seria uma versão da empresa pronta para o futuro. É quase certo que a discussão revele expectativas, visões e até linguagem conflitantes.

Numa oficina recente para o diretor executivo e a diretoria de uma empresa de serviços financeiros, notamos que as palavras plataforma e *ecossistema* eram usadas de várias maneiras diferentes pelos diversos executivos. Nenhum deles parou para questionar o significado e o uso dos termos. Todos estavam satisfeitos com as suas palavras e a sua mentalidade exclusiva. O problema era que eles falavam sem se entender, o que ficou claro quando facilitamos a conversa.

Cada executivo queria dizer algo um pouco diferente quando usava a palavra *plataforma*, tanto a respeito do propósito de negócios da plataforma quanto sobre a sua aparência. O CIO (diretor de tecnologia da informação) falava em montar uma plataforma de serviços digitalizados para ser usada por várias marcas B2C (*business to consumer,* da empresa para o consumidor) para criar eficiência e rapidez na entrega das ofertas atuais

32 TI – TECNOLOGIA DA INFORMAÇÃO: Empresa Pronta para o Futuro

da empresa. O CEO (presidente executivo) descrevia a construção de uma nova empresa de plataforma, com uma unidade de negócios e balanço próprios, para vender serviços B2B (*business to business*, de empresa para empresa) a outras empresas, como intermediação de pagamentos ou gestão de identidade. O diretor de varejo falava da construção de uma plataforma de autoatendimento exclusiva do varejo para se concentrar em vender produtos bancários tradicionais, como hipotecas, empréstimos e seguros, por meio de um aplicativo. E o diretor do banco comercial queria construir uma plataforma para ajudar pequenas empresas a crescer e prosperar que incluísse os produtos do banco e produtos complementares de parceiros, como *software* de contabilidade e sistemas de gestão do relacionamento com clientes (CRM). Depois de mais discussões, ficou claro para todos os participantes que a empresa tentava se transformar por meio de vários caminhos, mas nada coordenado — o que não surpreende, dada a falta de uma linguagem em comum. O progresso era mínimo, a frustração era alta e falava-se de interromper a transformação porque "nunca vai dar certo".

O uso de pesquisas durante as oficinas ajuda a trazer à superfície as mentalidades e pressupostos de todos os participantes: vemos a diversidade de opiniões representada instantaneamente nos resultados. Foi essa diversidade de opiniões na pesquisa de opinião — na tela, para todos verem — que ajudou os altos executivos dessa empresa de serviços financeiros a perceber que era preciso criar uma linguagem em comum, porque eles tinham pressupostos diferentes sobre a(s) plataforma(s) que o banco precisava construir, adquirir ou alugar. Se tiver de se concentrar em só um dos vários fatores que preveem o sucesso que discutimos neste livro, recomendamos que seja na criação de uma linguagem em comum. Mas desenvolvê-la exige bastante tempo e esforço, além de reforço constante.

Itens de ação do Capítulo 1

1. Posicione a sua empresa no diagrama 2×2: preencha a figura 1-7b e identifique o ponto de partida da transformação. Provavelmente, haverá alguma discordância entre os membros da equipe sobre o ponto onde a empresa está hoje. É importante chegar a um acordo sobre isso.

2. Discuta se na empresa há uma visão clara da transformação e se é baseada no seu propósito.

3. Reserve um período para conversar com os membros da equipe sobre como seria a versão da empresa pronta para o futuro. Faça perguntas como: De que funcionalidades precisamos? Como são nossa estrutura e nossa cultura? Como usaremos os dados? Qual é a nossa estratégia de parceria?

4. Comece a pensar na transformação em que a sua empresa está atualmente (ou em que vem pensando) e identifique algumas dificuldades.

5. As empresas grandes precisam usar tecnologia para agir como empresas pequenas e se voltar mais para os clientes. Pense no modo de usar a tecnologia para amplificar a voz do cliente.

Capítulo 2

Quatro caminhos para estar pronta para o futuro

Agora começa a diversão: você sabe onde está e aonde quer ir. A próxima pergunta é: Como chegar lá? Depois de fazer a avaliação no fim do último capítulo, você e os colegas saberão a posição de vocês na arquitetura. Muitas empresas estarão no quadrante de Silos e espaguete. E depois do exercício no fim do Capítulo 1, certamente você compreende melhor o que significa sua empresa estar pronta para o futuro e entenderá melhor a linguagem para descrever essa visão. Assim, como levar sua empresa de onde está até a versão pronta para o futuro? Encontramos quatro caminhos de transformação diferentes e viáveis para chegar lá (veja a Figura 2-1). Cada caminho começa no quadrante inferior esquerdo (Silos e espaguete) e envolve uma disrupção organizacional significativa para sua empresa se tornar pronta para o futuro.

A escolha do caminho depende de vários fatores, mas, provavelmente, o mais importante é sua posição competitiva. Com que urgência é preciso melhorar a experiência do cliente ou aumentar a eficiência? Neste capítulo, descrevemos os caminhos, mostramos dados sobre o percentual de empresas em cada um deles e explicamos a que distância estão de se tornar prontas para o futuro.

Quatro opções de caminho

Vamos começar descrevendo cada um dos quatro caminhos para a empresa estar pronta para o futuro. Ilustramos cada caminho com um exemplo

2-1　Todo caminho inclui explosões

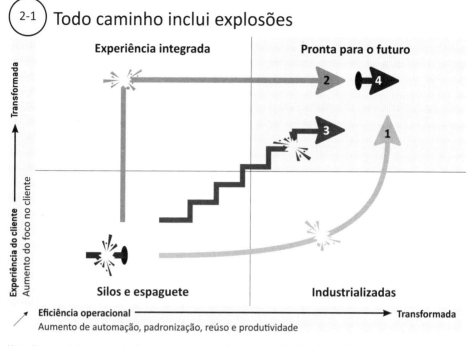

Nota: Nos caminhos, as explosões representam mudanças organizacionais significativas.

do setor financeiro para mostrar que empresas do mesmo setor podem escolher com sensatez caminhos diferentes, dadas as diversas metas e situações competitivas.

Caminho 1: Industrialize-se

O caminho 1 leva as empresas de Silos e espaguete a Industrializadas e, depois, a Prontas para o futuro, e 25% das empresas seguem esse caminho. A meta do caminho 1 é começar pela simplificação radical das operações e concentrar-se naquilo em que você é melhor — o que chamamos de "joias da coroa" — para transformá-lo em serviços digitais (também chamados de módulos). A joia da coroa pode ser o modo de integrar um cliente novo, de processar a solicitação do pagamento de um seguro, de projetar um novo produto, de criar código ou de prestar atendimento no local — e os dados associados. Depois da criação desses serviços digitais (e de seus dados), a inovação fica mais fácil e rápida com a combinação de módulos em

36 TI – TECNOLOGIA DA INFORMAÇÃO: Empresa Pronta para o Futuro

novas ofertas aos clientes. As empresas escolhem esse caminho quando a experiência do cliente é boa a ponto de manter os concorrentes acuados e a meta estratégica mais urgente é melhorar a eficiência operacional. Depois de resolvida a eficiência, elas podem concentrar-se inteiramente em inovar as ofertas para os clientes reusando os novos módulos.

O caminho 1 se baseia na construção de uma plataforma que ofereça serviços de negócios digitalizados, reusáveis e modulares que possam ser acessados em toda a empresa e por parceiros externos. O sucesso exige criar uma mentalidade de plataforma, com integração de silos, automação, dados limpos e eficiência. Primeiro, a industrialização promove a simplificação e elimina muitos processos e sistemas legados, caros e complexos e depois se concentra na inovação dos produtos. Como qualquer um que tenha passado por planejamento de recursos empresariais, gestão de relacionamento com o cliente ou projeto de *core banking* pode atestar, remover o núcleo da empresa e substituí-lo é uma realização cara que dura muitos anos.[1] Exige também suspender outros projetos. A computação na nuvem, as interfaces de programação de aplicativos (API), os microsserviços, a melhor arquitetura de solução, o *software*/produto como serviço e as equipes ágeis de TI tornam esse processo de industrialização mais rápido, menos arriscado e disruptivo do que antes.[2]

Descrevemos o caminho 1 como um bastão de hóquei: raso no começo, com trabalho duro e poucas recompensas tangíveis, mas vai melhorando depois da metade. A primeira parte é o "deserto da digitalização". Envolve a limpeza de sistemas e dados legados, investimento em simplificação e automação de processos. Nesse período difícil, o CIO, o COO (diretor de operações) e os colegas de operações pedem aos colegas da linha de negócios que desacelerem e aguardem o término dos primeiros estágios da industrialização, quando os processos digitais estarão prontos para uso, de modo que possam inovar com rapidez, reusando os serviços digitalizados como pecinhas de LEGO. Durante a fase do deserto da digitalização, os executivos da linha de negócios sentem a pressão para ter bom desempenho e, em geral, não querem esperar, então é comum haver tensão e acusações. E é aí que as empresas no caminho 1 fracassam. Em vez de comunicar claramente o que será preciso para que todas as partes da empresa progridam pelo deserto da digitalização até a parte mais empolgante do caminho

1, o esforço se fragmenta e os líderes da linha de negócios criam soluções locais para os clientes enquanto os líderes de operações continuam a simplificar e racionalizar. Quando a iniciativa empaca, o CIO ou o COO se torna o bode expiatório.

Vimos empresas tentarem várias vezes a transformação do caminho 1 (a noção de encaixar todas as pecinhas no lugar é atraente), cada vez com um CIO ou COO novo para comandar o avanço com a tecnologia mais inovadora da época — e fracassarem, por causa das demandas para otimizar localmente e satisfazer as necessidades dos clientes. Uma estratégia para atravessar o deserto da digitalização é alocar parte do orçamento da transformação a iniciativas voltadas para o cliente, mas exigir que sejam desenvolvidas como módulos *plug and play* para serem reusadas em estágios posteriores da transformação do caminho 1. É um desafio de governança nada fácil, mas essencial para o sucesso da transformação da empresa que está no rumo para ficar pronta para o futuro.

Quando a empresa entra na parte mais inclinada do bastão de hóquei, a transformação se torna uma experiência mais empolgante e divertida. São lançadas as novas ofertas ao cliente, reusando os serviços digitais *plug and play* criados na primeira parte do caminho. Os processos são mais rápidos, baratos e simplificados. A inovação e a eficiência evoluem juntas, e o resultado é a melhor experiência do cliente e o valor obtido com o custo mais baixo, com crescimento e margem de líder do setor. Mas a simplificação e a redução de custo têm de vir primeiro no caminho 1.

O Danske Bank, com sede em Copenhague, que opera em dezesseis países da Europa, tem no DNA a orientação para o caminho 1. A visão do Danske em 2012 era: "Uma plataforma, marcas excepcionais".[3] O foco no reúso e na eficiência operacional trouxe alguns benefícios precoces na década de 2000, como a redução de 20% das despesas de operação mesmo com a aquisição de cinco bancos em seis anos. Houve também benefícios de prazo mais longo dessa abordagem de plataforma única no relacionamento com os clientes e na reputação entre os pares. O banco reduziu o número de agências e as operações *on-line* aumentaram tremendamente.[4] Hoje, o MobilePay, aplicativo de pagamentos do Danske, é tão popular que foi adotado por mais de sessenta bancos parceiros na Escandinávia — um ótimo exemplo de plataforma compartilhada.[5]

38   TI – TECNOLOGIA DA INFORMAÇÃO: Empresa Pronta para o Futuro

Em 2020, o Danske Bank intensificou o foco na melhor experiência do cliente com a estratégia de Transformação em Melhor Banco.[6] Para subir da parte mais inclinada do taco de hóquei do caminho 1, a empresa:

- Desenvolve novos modos de trabalhar com projetos de transformação ágil que respondem mais depressa à mudança da expectativa do cliente, com melhor experiência digital e custo reduzido.

- Cria operações bancárias cotidianas mais fáceis com a simplificação da oferta de produtos (reduzindo em pelo menos 25% o número de produtos em 2020) e alinha o portfólio entre os países.[7]

- Simplifica a estrutura com duas novas unidades de negócio: Clientes Pessoais e Comerciais e Grandes Corporações e Instituições.

Chris Vogelzang, CEO do Danske Bank, explica:

Continuamos a ter progresso tangível em várias áreas, como correção da conformidade, iniciativas de impacto societário e novos modos de trabalhar. Esse próximo passo vai demolir os silos da empresa e se ligar diretamente às mudanças radicais em andamento no modo como trabalhamos, uma das principais iniciativas do plano Melhor Banco. A combinação da organização mais simples com um plano mais ágil voltado ao desenvolvimento de negócios aumentará nosso poder de execução, reduzirá o tempo de lançamento dos produtos e criará sinergia em nossas operações, tudo visando a ficarmos ainda mais competitivos para os clientes.[8]

A jornada do Danske é uma transformação típica do caminho 1 que levou a empresa a ficar pronta para o futuro: ao mesmo tempo, ela inova e reduz custos.

Caminho 2: primeiro, encante os clientes

O caminho 2 envolve passar dos Silos e espaguete para o quadrante da Experiência integrada. A transformação é satisfatória desde o primeiro dia. As empresas escolhem esse caminho quando enfrentam a pressão da concorrência e sua meta estratégica mais urgente é melhorar a experiência do cliente abordando o problema nos vários silos organizacionais. Em geral, elas são movidas pela inovação local, tentando fazer várias coisas ao mesmo tempo, por exemplo: desenvolver novas ofertas atraentes, criar *sites* e aplicativos móveis, melhorar os *call centers*, empoderar os gerentes de relacionamento, tudo isso com a meta de aumentar de forma mensurável a satisfação do cliente. Descobrimos que 18% das empresas buscavam essa abordagem, inclusive muitos bancos, varejistas e empresas de energia.

O benefício do caminho 2 é que a melhora da experiência do cliente aumenta as vendas e costuma levar à pontuação mais alta de satisfação do cliente. É empolgante, e todas as partes da empresa em contato com a clientela querem liderar suas iniciativas digitais para melhorar a experiência do cliente. Quando sentem o sabor do sucesso com a melhora da experiência do cliente, os líderes de produtos ou segmentos querem tentar de novo — agora, de forma maior e melhor. O problema é que, muitas vezes, as melhoras envolvem novos sistemas isolados que acrescentam complexidade a sistemas, dados e processos já intrincados, aumentando o custo do atendimento ao cliente e desafiando os funcionários a serem mais heroicos para cumprir o que foi prometido[9], passar de um sistema a outro e se tornarem os zeladores do cliente. Conforme avançam pelo caminho 2, as empresas investem em inovação e em novos modos de trabalhar, com o lançamento de produtos mínimos viáveis, mais embasamento em evidências e o uso de abordagens de testar e aprender. Para assegurar que o custo do atendimento não saia do controle, as empresas no caminho 2 precisam acompanhá-lo com o tempo — tarefa nada fácil nem bem feita por muitos.

Em algum momento, a empresa precisa se concentrar em aumentar a eficiência operacional (deslocar-se para a direita nessa arquitetura) e avançar para estar pronta para o futuro. Persistir na transformação e mudar o foco (nesse caso, da experiência do cliente para a industrialização) é mais fácil do que no caminho 1, pois as empresas do caminho 2 têm algum sucesso com clientes mais satisfeitos e aumento da receita — e há ímpeto para continuar. O problema é que não há guarda de trânsito dizendo "Pare!! Agora, industrialize-se!", e o CFO (diretor financeiro) e colegas têm o importante papel de medir o custo e decidir quando o foco precisa passar para a industrialização.

40 TI – TECNOLOGIA DA INFORMAÇÃO: Empresa Pronta para o Futuro

O mBank, quinto maior grupo bancário universal da Polônia, é um exemplo de empresa que seguiu a transformação do caminho 2.[10] Seu banco de varejo foi lançado em 2000 como o primeiro banco unicamente digital do país.[11] Os líderes perceberam que a experiência típica dos clientes de banco da Polônia estava longe de ser positiva. Isso provocou uma série de mudanças, com *call centers*, serviços pela internet e novos produtos bancários que melhoraram a experiência do cliente. O lema era: "Ajudar. Não incomodar. Encantar... Em qualquer lugar".[12] Eles se concentraram em ofertas inovadoras, primeiro na experiência *on-line*, depois nos celulares, acrescentados em 2012. Em 2020, 2,2 milhões dos seus 4,7 milhões de clientes do varejo usavam o aplicativo móvel.[13]

Ao passar o foco para a industrialização, o mBank começou em 2014 a desenvolver uma nova plataforma bancária que pudesse dar flexibilidade ao aumento contínuo da experiência do cliente. Criada em quatorze meses, a plataforma digital oferecia grande variedade de recursos empolgantes (como aprovação de empréstimos em trinta segundos, pagamentos por celular, chat em vídeo, integração com o Facebook, transferências entre clientes e retiradas sem cartão no caixa eletrônico) e foi projetada para aumentar a eficiência e reduzir o tempo de lançamento dos produtos. Então, para crescer, o mBank acrescentou parcerias que pudessem aproveitar a sua plataforma e oferecer mais serviços aos clientes, como a empresa francesa de telecomunicações Orange S. A. O mBank também licenciou a plataforma como "banco numa caixa" para bancos não concorrentes.[14]

No fim de 2019, o mBank lançou sua nova estratégia, chamada "Crescimento alimentado pelos clientes", para 2020 a 2023. Com isso, o mBank continua a avançar no caminho 2 enquanto enfrenta a nova concorrência das empresas de tecnologia e tecnologia financeira e a nova regulamentação com quatro metas: (1) crescimento orgânico dos clientes por meio de estratégias onicanal e celular em primeiro lugar; (2) uma plataforma de varejo com parceiros; (3) eficiência com equipes ágeis que criam soluções de ponta a ponta, aumento da automação e autoatendimento; e (4) apoio aos funcionários com mais tecnologia e ferramentas automatizadas.[15]

O mBank ilustra muito bem a jornada do caminho 2 no avanço para ser uma empresa pronta para o futuro e tenta manter um equilíbrio delicado para atingir as metas de clientes, plataforma, eficiência e funcionários.

Caminho 3: Alterne o foco, como se subisse uma escada

As empresas no caminho 3 avançam para ficar prontas para o futuro alternando o foco da transformação entre melhorar a experiência do cliente e melhorar as operações, repetindo a alternância até atingirem a meta, com projetos bem definidos e menores do que nos caminhos 1 e 2. Por exemplo, o primeiro passo pode ser um projeto de seis meses para implementar uma experiência onicanal melhor. Depois, as empresas substituem alguns processos legados ou criam uma camada de API durante outros seis meses. Então, nos próximos oito meses da transformação, o foco passa à criação de um conjunto mais atraente de ofertas para o cliente com base no uso mais inteligente dos dados. Descobrimos que 26% das empresas adotam a abordagem da escada.

Com essa abordagem, a diferença entre sucesso e fracasso é um mapa que indique o esforço de todos (ao contrário de uma abordagem aleatória e menos estruturada dos investimentos em projetos). Uma boa maneira de dizer se uma empresa é disciplinada na sua transformação do caminho 3 é pedir a um gestor que descreva como um projeto específico se encaixa no plano geral, principalmente a coordenação entre as iniciativas de experiência do cliente e de eficiência operacional.

Para muitas empresas, a abordagem equilibrada do caminho 3 é uma opção atraente porque os passos menores (isto é, os conjuntos de projetos rigorosamente coordenados) reduzem o risco. Não há grandes apostas, e as lições aprendidas e os resultados desenvolvidos com base nos passos anteriores podem ser aplicados aos passos seguintes. Os desafios são governança, inércia e comunicação. Não é fácil para as grandes empresas coordenar com eficácia os projetos de transformação da experiência do cliente e de redução de custos. Estabelecer a governança bem-sucedida exige clareza da responsabilização e dos direitos de decisão, tópico a que voltaremos em breve. A inércia organizacional dificulta mudar de direção nas empresas grandes, e os executivos nos falaram que sentem o rebote quando passam do foco nos custos para o foco na experiência do cliente, indo e voltando. Transmitir essas mudanças pode ser difícil e até confuso para os funcionários, mercados e clientes. Ainda mais difícil é pegar os benefícios de cada degrau e passá-los para o projeto seguinte. Quando o caminho 3 não é

42 TI – TECNOLOGIA DA INFORMAÇÃO: Empresa Pronta para o Futuro

tranquilo, os degraus não se conectam e a empresa não obtém benefícios cumulativos.

O banco Bilbao Vizcaya Argentaria S. A. (BBVA), um grande banco internacional com sede em Bilbao, na Espanha, adotou o caminho 3 para se transformar digitalmente. Buscando aumentar a eficiência, o BBVA trabalhou muito para remover os processos de negócios do tipo espaguete, construídos ao longo do tempo usando muitos sistemas e versões de dados diferentes, e substituí-los por plataformas digitais globais escaláveis e reusáveis. Então, no esforço de reconfigurar a experiência do cliente, o BBVA posicionou seu aplicativo móvel, lançado em 2014, como se fosse um controle remoto para os clientes bancários. O aplicativo móvel oferecia a integração simples de clientes novos em menos de cinco minutos e a compra da maioria dos produtos em menos de um minuto. Os clientes tinham autoatendimento em uma suíte de produtos, como empréstimos ao consumidor e fundos de investimento. Também era uma carteira digital e permitia aos clientes marcar reuniões e trocar mensagens com os gerentes.

Conforme o BBVA avançava pela transformação digital, os degraus alternados, a melhora da eficiência operacional e as funcionalidades da experiência do cliente se tornaram sinérgicos, até que o banco finalmente foi capaz de trabalhar em paralelo nas duas dimensões, com iniciativas digitais conectadas e rigorosamente coordenadas. Atualmente, o BBVA oferece aos clientes uma experiência digital por meio de uma plataforma bancária com um núcleo confiável que permite desenvolvimentos que combinam as API abertas do banco a outras funcionalidades. Uma grande vantagem dessa abordagem é que outras empresas, como varejistas, empresas de telecomunicações e até *startups*, conseguem se ligar aos serviços do banco e melhorar seus próprios produtos.

Em 2019, o BBVA recebeu o *net promoter score* máximo na maioria de seus mercados.[16] Em 2020, os clientes móveis e digitais constituíam, respectivamente, 60% e 56% da base de clientes.[17] As vendas digitais representavam 66% do total e, pela primeira vez, o valor das vendas digitais excedeu o valor das transações por outros canais.[18]

Para aumentar a coordenação, o CEO (hoje presidente executivo) Carlos Torres quis se assegurar de que as pessoas fossem designadas para iniciativas que tivessem o maior impacto estratégico, não simplesmente o maior orçamento. O BBVA lançou um processo de investimento chamado *single development agenda* (SDA, agenda única de desenvolvimento). A SDA aproveitou a cadência do desenvolvimento ágil para aprender, avaliar e priorizar mais de duas mil iniciativas por trimestre. Cada iniciativa precisa relatar o que entregou e o valor criado e tem de estimar o talento necessário para o trimestre seguinte. O processo da SDA ajudou o BBVA a investir em prioridades estratégicas um percentual maior do gasto total com iniciativas (com a alocação de 75% a iniciativas estratégicas em 2021, comparada a 60% em 2018), e assim as iniciativas geraram valor mais depressa (levaram 1,9 ano para gerar valor em 2018, 1,4 ano em 2021).[19]

A jornada do BBVA é típica da transformação do caminho 3, uma transformação principalmente constante, pois as iniciativas de custo e experiência do cliente ficam mais interligadas. O caminho 3 é uma boa escolha para empresas que precisam melhorar rapidamente a experiência do cliente e a eficiência operacional e se mostram dispostas e capazes de aplicar a disciplina necessária de governança para dar certo.

Caminho 4: Crie uma nova unidade

Os líderes escolhem o caminho 4 quando acreditam que transformar a empresa atual levará tempo demais e exigirá cultura, habilidades e sistemas muito diferentes do que existe hoje. Em vez de brigar com a organização existente, os líderes criam empresas ou unidades de negócios novos que já começam a vida prontas para o futuro. Algumas empresas também escolhem a transformação do caminho 4 quando têm uma oportunidade empolgante que não pode se concretizar com o aproveitamento de funcionalidades, marca ou ambiente regulatório existentes. Descobrimos que 7% das empresas escolhem esse caminho como estratégia dominante de transformação. Por exemplo, a Audi AG, empresa automobilística alemã, criou uma subsidiária digital do zero para desenvolver serviços de mobilidade. A Toyota e a BMW adotaram abordagem semelhante.

O caminho 4 permite à empresa construir do nada a base de clientes, a cultura, os processos e os sistemas prontos para o futuro. Não é preciso

44 TI – TECNOLOGIA DA INFORMAÇÃO: Empresa Pronta para o Futuro

lidar com sistemas legados, cultura e silos organizacionais. Um desafio da abordagem do caminho 4 é que as empresas criam novas organizações incríveis, que podem se tornar o foco da atenção e do investimento, enquanto a organização tradicional vai se arrastando. Depois do sucesso da nova entidade, talvez o maior desafio seja de que modo integrá-la à organização original — ou se será integrada.

O ING Group, empresa multinacional de serviços bancários e financeiros com sede em Amsterdã, buscou a abordagem do caminho 4 há mais de duas décadas com o ING Direct. O ING lançou o ING Direct no Canadá, em 1997, e depois se expandiu para Austrália, Itália, Espanha, Reino Unido, Estados Unidos e outros países. A estratégia de transformação era o pioneirismo num modelo bancário direto em novos mercados.[20] Embora tivesse alguns caixas eletrônicos, o ING Direct não tinha agências. Os clientes interagiam com o banco por telefone, correio ou internet. Iniciado como banco de custo baixo que oferecia juros altos em produtos de depósito, aos poucos a empresa acrescentou novos produtos, como empréstimos e hipotecas. Em 2006, eram 13 milhões de clientes em nove países.[21]

Os negócios do ING Direct em cada país operavam de forma autônoma, mas tinham em comum um conjunto de soluções empresariais padronizadas e componentes técnicos de plataforma. O reúso de módulos e componentes manteve baixo o custo operacional (0,43% dos ativos, contra 2,5% dos ativos num banco de varejo típico), permitindo que os negócios oferecessem taxas de poupança mais altas e custo de empréstimo mais baixo.[22]

Em 2008, o ING acrescentou outro componente à sua transformação: digitalizou seu modelo de agência. Ao transformar as operações físicas em digitais, a empresa-mãe reduziu o número de agências de 600 para 260 nos Países Baixos e diminuiu o tempo para abrir uma conta de vinte dias para vinte minutos. Em 2014, a empresa estava pronta para começar a trazer o ING Direct de volta com a nova meta estratégica de criar uma única plataforma global e uma única experiência ING.[23] Mas não havia um ING Direct único; cada país operava de maneira um pouco diferente. O ING integrou o ING Direct, criou uma campanha de marketing de alto nível para rebatizá-lo de ING em alguns mercados (como Austrália e Espanha) e vendeu as unidades ING Direct em outros mercados (como Estados Unidos, Reino Unido e Canadá).[24]

O ING Direct nos dá uma visão única do caminho 4 — já com vinte anos. Seguramente, o ING Direct mudou a expectativa bancária dos clientes e concorrentes e baixou o custo do atendimento no mundo inteiro, mas não foi fácil gerenciar os modelos de negócios do ING e do ING Direct numa só empresa, com líderes, plataformas, culturas e modelos de negócios diferentes. Hoje, baseadas numa série de neobancos e bancos digitais criados nos últimos anos, vemos muitas empresas tradicionais de serviços financeiros usarem a abordagem do caminho 4 para competir e avançar com rapidez. De forma lenta e constante, os bancos digitais criados recentemente pelos bancos tradicionais estão ganhando ímpeto, base de clientes e lucro. Entre eles estão o Next do Bradesco no Brasil, o Openbank do Santander na Europa, o Nequi do Bancolombia na Colômbia e o UBank do National Australia Bank. A grande pergunta é: Como esses novos bancos digitais, todos eles iniciativas do caminho 4, capturam o valor que criam? E de que modo vão operar – Como entidades separadas (talvez até de capital aberto) ou como novas plataformas de empresas existentes para dar apoio aos clientes atuais? Ou serão integrados à empresa-mãe?

A escolha de um caminho

O papel dos líderes é determinar que caminho(s) a empresa (ou unidade) deve seguir e com quanta agressividade avançar. Os líderes precisam começar avaliando com franqueza onde a empresa está hoje (com base em métricas como o *net promoter score* e a margem líquida) em comparação com o resto do setor (a avaliação do capítulo anterior de como a empresa está pronta para o futuro é um bom primeiro passo). Portanto, a escolha do caminho dependerá das circunstâncias da empresa, do ambiente competitivo e da direção que os gestores acham que combina melhor com as funcionalidades atuais da empresa.[25]

- O caminho 1 faz sentido quando a experiência do cliente está na média do setor e a ameaça de disrupção digital não é alta. Os CIO são uma boa escolha para comandar o caminho 1.

- O caminho 2 faz sentido quando a experiência do cliente da empresa é bem pior do que a média e é preciso melhorar sem demora, e quando há concorrentes novos e assustadores. Um executivo apaixonado pela experiência do cliente que seja digitalmente bem-informado pode ser uma boa opção para comandar o caminho 2.

- O caminho 3 faz sentido quando a experiência do cliente da empresa não é a melhor, mas os líderes conseguem identificar algumas iniciativas que farão muita diferença. Eles começam com elas, depois se concentram nas operações e repetem em pequenos degraus. Um diretor digital que entenda de experiência do cliente e de operações seria uma boa escolha para liderar o caminho 3.

- Caminho 4 — criar uma nova empresa ou unidade de negócios — faz sentido quando os líderes não conseguem visualizar a mudança da cultura ou da experiência do cliente e das operações da empresa com velocidade suficiente para sobreviver ou para aproveitar as oportunidades. O CEO da empresa, que geralmente nomeia o líder da nova unidade, seria uma boa opção para comandar o caminho 4.

Assim que a empresa — isto é, o conselho administrativo, o CEO e a diretoria — se decide por um caminho, começa o trabalho difícil: completar a transformação. A Figura 2-2 mostra o percentual de empresas que segue cada caminho e seu avanço rumo à transformação (em relação ao que foi proposto pela equipe executiva ao conselho administrativo). O interessante é que 78% das 1.311 empresas pesquisadas escolheram um caminho primário para a transformação digital, embora muitas fossem empresas grandes. As PME têm menos probabilidade de estar em vários caminhos, coordenados ou não, e a escala de sua transformação interna é menor do que a das grandes empresas.

No fim de 2019, as empresas completaram, em média, até 50% da transformação, comparadas a 33% em 2017. Cinquenta por cento de completude é um marco importante para a criação de valor. Descobrimos que as empresas que tinham completado mais de 50% da transformação tinham uma margem líquida média 14% mais alta (ajustada por setor) do que as que tinham completado menos de 50%.

2-2

A escolha do caminho pelas empresas e seu avanço

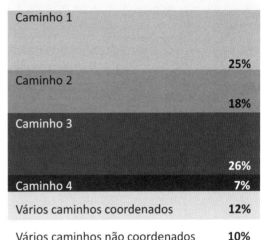

Percentual de empresas por caminho*

Caminho 1	25%
Caminho 2	18%
Caminho 3	26%
Caminho 4	7%
Vários caminhos coordenados	12%
Vários caminhos não coordenados	10%

*Sem transformação 2%

Avanço médio da transformação por caminho**

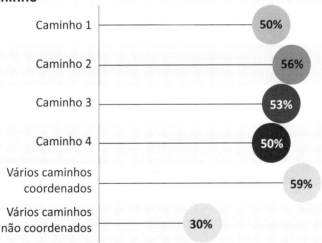

Caminho 1	50%
Caminho 2	56%
Caminho 3	53%
Caminho 4	50%
Vários caminhos coordenados	59%
Vários caminhos não coordenados	30%

Fonte: A arquitetura e os caminhos da empresa pronta para o futuro se basearam numa série de conversas e entrevistas realizadas entre 2015 e 2017 com altos executivos do mundo inteiro sobre a transformação digital. A arquitetura, os caminhos e os dados de desempenho foram quantificados em duas pesquisas MIT CISR (2017 e 2019), com novas entrevistas e mais de quarenta oficinas entre 2018 e 2022. ** O avanço médio da transformação é a média das estimativas das empresas da conclusão do caminho, com base no que foi proposto ao conselho ou ao CEO.

Caminhos múltiplos

Dos 22% de empresas que escolheram vários caminhos, mais da metade (12% do total de empresas) se disseram bem coordenadas. Foram essas empresas que avançaram mais: completaram, em média, 59% de sua transformação. Em contraste, as empresas que buscaram vários caminhos não coordenados foram as que fizeram menos progresso: completaram 30%. Um risco que vemos nos próximos anos é que as unidades empresariais, países ou líderes de produtos promovam iniciativas locais de transformação depois de se frustrarem com o avanço lento da transformação da empresa toda. A empresa, então, estará em vários caminhos não coordenados, e o resultado financeiro será ruim, pois a prontidão para o futuro continua fora do alcance.

Uma empresa que está em vários caminhos bem coordenados é o Bancolombia,[26] maior banco comercial da Colômbia e um dos maiores da América Latina, com receita de 1,1 bilhão de dólares em 2021.[27] O banco oferece uma série de produtos e serviços financeiros a clientes individuais e corporativos.

O Bancolombia seguiu a transformação do caminho 3, indo e vindo entre se concentrar na experiência do cliente e na eficiência operacional para ficar pronto para o futuro. A empresa também criou o Nequi, um novo banco digital, antecipando a entrada de novos atores na sua região, uma abordagem do caminho 4.

O Nequi surgiu no laboratório de inovação do Bancolombia e operava como uma *startup*. Fazia parte do grupo Bancolombia e tinha vida própria, com dez milhões de usuários ativos em 2021.[28] Ao mesmo tempo, o Bancolombia avaliava continuamente seus riscos e oportunidades. O sucesso do Nequi brotou do foco no usuário, da capacidade de reinvenção e da elevada resiliência. O modelo de negócios, assim como as habilidades, a tecnologia, o modelo operacional e a cultura funcional, diferia de forma significativa da empresa-mãe. O Nequi construiu sua estrutura tecnológica na nuvem, separada da infraestrutura do Bancolombia, e a integrou ao Bancolombia pelos sistemas contábeis do banco.

Os auditores externos recomendaram que a equipe do Nequi seguisse os mesmos processos estritos e padronizados dos bancos tradicionais. No entanto, o Nequi criou uma cultura diferente que se traduziu em velocidade e novos produtos. O Bancolombia projetou o Nequi como um laboratório de testes, e foram postas à prova tecnologias como autenticação por reconhecimento facial e de voz, novos modos de trabalhar e desenvolvimento de produtos. De forma intuitiva, o Nequi usou equipes ágeis, auto--organizadas e multidisciplinares como parte de sua cultura de trabalho, e isso ajudou a criar funcionalidades com mais rapidez. No desenvolvimento de produtos, o Bancolombia testou negócios financeiros ou não por meio do Nequi, com experimentos com API externas para desenvolver um ecossistema aberto.

O Nequi tinha várias conexões com a empresa-mãe. Seus clientes podiam usar os 6.000 caixas eletrônicos e 21.000 correspondentes não bancários[29] do Bancolombia para fazer transações financeiras. O dinheiro passava entre o Bancolombia e o Nequi em tempo real sem atravessar as redes de pagamento. Voltaremos ao Bancolombia e ao Nequi e ao que acabou acontecendo com o Nequi no Capítulo 6.

Estar em vários caminhos faz sentido para muitas empresas grandes, mas exige ainda mais coordenação e compartilhamento de melhores práticas e de serviços digitais como os dados do cliente entre os diversos caminhos. O BankCo, que descrevemos no Capítulo 1, seguiu três caminhos razoavelmente bem coordenados. O caminho 1 foi o trajeto primário, que respondeu por 70% dos gastos com a transformação e se concentrou em simplificar os sistemas e processos legados para criar um mecanismo de hipoteca eficiente que sustentasse tanto as vendas diretas quanto as vendas por meio de parceiros. O banco também seguiu caminho 2. Cerca de 20% dos gastos com a transformação foram alocados a projetos concentrados na experiência do cliente para manter o banco competitivo no mercado. Dez por cento foram alocados à criação de um ecossistema de compra de imóveis com a oferta aos clientes de produtos de cortesia oferecidos por parceiros, como seguros, serviços jurídicos e corretores para encontrar e comprar imóveis.

Na revisão estatística do que faz diferença na gestão da transformação com vários caminhos, as empresas que fizeram mais progresso na transformação realizam muito bem três atividades. Essas empresas:[30]

50 TI – TECNOLOGIA DA INFORMAÇÃO: Empresa Pronta para o Futuro

1. **Desenvolvem a orientação para treinamento e comunicação:** Tipicamente, a transformação em vários caminhos é complexa demais para ser administrada de forma central e exige criatividade e envolvimento ativo de todos. Para ter sucesso, as empresas têm de se afastar do estilo de gestão baseado em comando e controle, transmitir a visão e o plano e treinar para o sucesso.

2. **Concentram-se numa experiência multiproduto do cliente:** A integração de produtos é difícil; em geral, as soluções bem-sucedidas para o cliente envolvem a integração de produtos e serviços de várias unidades de negócios. Buscar várias transformações nas diversas unidades de negócios dificulta ainda mais a criação de uma experiência multiprodutos (pense que os novos módulos de produtos e serviços precisam trabalhar em conjunto) e, portanto, exige atenção e coordenação especiais, talvez de um diretor de experiência do cliente. Concentrar-se especificamente numa experiência multiproduto garante que a coordenação estará em primeiro lugar e torna mais provável que os clientes tenham uma experiência sem falhas.

3. **Aproveitam a inovação:** A transformação em vários caminhos, embora mais complicada, também aumenta a oportunidade de aproveitar as inovações, pois há mais lugares onde as inovações podem ser aplicadas (e reusadas). Os líderes que conseguem resolver as questões de coordenação da adoção de vários caminhos obtêm mais valor com a inovação.

O valor se acumula de forma diferente, mas todos os caminhos compensam

O bom é que os quatro caminhos levam ao sucesso. Quanto mais as empresas avançam na transformação, maior o benefício para a margem e o crescimento. Mas medir o crescimento e a margem da empresa em tempo real e atribuir essas métricas ao avanço da transformação é dificílimo, porque é comum o desempenho da empresa se arrastar e ser influenciado por muitos fatores.

Para entender de que modo as empresas acumulam valor ao longo da jornada de transformação digital, usamos os três tipos de valor que elas criam com as iniciativas digitais apresentadas no Capítulo 1: valor das operações, valor dos clientes e valor dos ecossistemas. Nos Capítulos 3 a 6, identificamos em que tipo de valor é preciso se concentrar no início da transformação com base na escolha do caminho e descrevemos como as empresas que estudamos construíram funcionalidades e gerenciaram as quatro explosões apresentadas no Capítulo 1. No Capítulo 7, apresentamos um painel de métricas e parâmetros e decompomos a transformação em terços, para que você possa acompanhar e comparar o valor acumulado com o tempo. O painel inclui dois componentes importantes — *que* valor se cria com o sistema digital (valor de operações, valor de clientes e valor de ecossistemas) e *como* o valor é criado (por meio de dez funcionalidades prontas para o futuro em quatro áreas: operacional, cliente, ecossistema e fundamental).

Conforme avançam na transformação digital, as empresas aumentam o valor acumulado com operações, clientes e ecossistemas. O aumento constante dos três tipos de valor mostra que, com o tempo, as transformações bem-sucedidas criam habilidades e funcionalidades que resultam em melhoras mensuráveis. O valor das operações se acumula mais depressa, seguido pelo valor dos clientes e, finalmente, o valor dos ecossistemas. Para assegurar que sua empresa avance rumo à transformação, você precisa de um painel de métricas que mostre a todos como o valor se acumula nessas três áreas. Por exemplo, o supramencionado BankCo criou um painel com três ou quatro métricas para cada tipo de valor e acompanhou seu progresso com o tempo, com relatórios regulares para o conselho administrativo. Esse painel também estava disponível para os funcionários. Um exercício útil é identificar três a quatro métricas (não mais!) para os três tipos, operações, clientes e ecossistemas, para que todos concordem com os marcos importantes do sucesso da transformação. Para começar a conversa, eis aqui as métricas que usamos para medir o avanço do acúmulo de valor:

- **Valor das operações:** eficácia do custo de operação da empresa, rapidez do lançamento no mercado e eficiência operacional em comparação com os concorrentes.

52   TI – TECNOLOGIA DA INFORMAÇÃO: Empresa Pronta para o Futuro

- **Valor dos clientes:** percentual de receita da empresa vindo de vendas cruzadas, percentual da receita da empresa vindo de novos produtos e eficácia das iniciativas da empresa para gerar aderência do cliente (isto é, retenção e uso).

- **Valor dos ecossistemas:** percentual da receita da empresa vinda de ecossistemas, eficácia das iniciativas da empresa para criar pacotes de produtos e serviços com parceiros e percentual de dados do ecossistema a que a empresa tem acesso.

As quatro explosões

Ficar pronta para o futuro dá muito trabalho. Tipicamente, as empresas maiores desenvolveram grande variedade de produtos e serviços durante muitos anos, apoiadas por uma cultura arraigada e não digital. É comum que os produtos e serviços se organizem em silos interconectados por uma teia complexa de processos, práticas, sistemas e dados. Essa complexidade dificulta a geração de valor pelos funcionários e resulta numa experiência fragmentada e frustrante para os clientes. No estudo das transformações digitais dos negócios, identificamos quatro mudanças significativas e disruptivas que os líderes têm de fazer para desenvolver as novas funcionalidades operacionais e de experiência do cliente que ajudarão a superar a complexidade e a levar a empresa a estar pronta para o futuro. Chamamos essas quatro mudanças de **explosões** porque é o que parecem: as empresas estão explodindo o modo como faziam as coisas para remover barreiras e avançar mais depressa. Cada empresa vivencia as explosões de um jeito um pouco diferente, dependendo de suas funcionalidades, da paisagem competitiva, da regulamentação do setor, das metas estratégicas e de outras características. Discutir explicitamente como prever e gerenciar as explosões ajuda a manter as empresas concentradas em capacitar a transformação. As que tiveram maior desempenho foram cerca de 70% mais eficazes na gestão das quatro explosões do que a média das empresas (veja a Figura 2-3). Como está sua empresa nessa comparação?

2-3 Eficácia ao lidar com as explosões

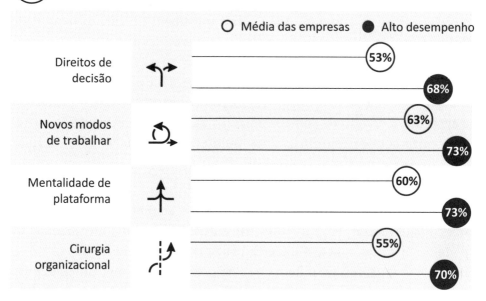

Fonte: MIT CISR 2019 Top Management Teams and Transformation Survey (N = 1.311). As empresas de maior desempenho estão no quartil superior em margem líquida ajustada por setor. A margem de lucro líquida autoinformada correspondeu significativamente à margem de lucro real no nível $p < 0,01$.

Direitos de decisão

As transformações mudam o *status quo* de quem toma as principais decisões e é responsável por elas: quando um processo essencial muda formalmente, projetos recebem financiamento e produtos são lançados e descontinuados. Há muito tempo, a especificação dos direitos de decisão é um componente essencial da governança eficaz de TI,[31] mas, na Era Digital, ela vai além do departamento de TI e chega à visualização, ao provisionamento e ao uso da tecnologia digital em toda a empresa. Em geral, são poucos os direitos de decisão essenciais que precisam de atenção. Por exemplo, separar os direitos de decisão entre o que é preciso ser feito e o que será entregue é essencial para desenvolver a agilidade. Dar os direitos de decisão sobre "o que fazer" e "como fazer" a um único grupo provavelmente manterá a empresa atolada em Silos e espaguete.

Novos modos de trabalhar

Melhorar a experiência do cliente e a eficiência operacional exige repensar e reprojetar o modo como os funcionários trabalham e é uma oportunidade de empoderar e empolgar seu pessoal com novos desafios e sucessos. Muitas vezes, os novos modos de trabalhar envolvem a criação de produtos e serviços junto com os clientes, o desenvolvimento de novas parcerias que reduzem o tempo de lançamento no mercado, a experimentação para testar e aprender, a criação de comportamentos baseados em evidências e o trabalho mais colaborativo em equipes multifuncionais com abordagem ágil.

Mentalidade de plataforma

Tornar-se pronto para o futuro exige aprender com empresas de plataforma como Amazon, PayPal e WeChat e desenvolver uma mentalidade de plataforma. Criar a mentalidade de plataforma é reconhecer que os serviços digitais reusáveis permitem que a empresa inove e amplie mais depressa suas ofertas e operações.[32] As empresas veem o que as torna grandes e transformam isso em serviços digitais modulares, habilitados e reusáveis. Elas trabalham com seus sistemas fragmentados para integrar os silos, padronizar os processos e automatizar sempre que possível.

Cirurgia organizacional

Também chamada de reestruturação ou reorganização, são mudanças no projeto organizacional que removem a complexidade e ajudam a empresa a se concentrar em ofertas melhores para o cliente. A maioria das empresas sofreu diversas formas de cirurgia organizacional no decorrer das décadas para prevenir a inércia, reduzir a base de custos e apoiar as mudanças estratégicas de direção diante da grande transformação do setor.[33] Na transformação para ficarem prontas para o futuro, as empresas reconhecem tipicamente que o modo como estão organizadas hoje não é o mais adequado para o novo modo desejado de operar e que algum tipo de cirurgia organizacional é necessária. A cirurgia costuma envolver a reelaboração dos processos de negócios para sustentar melhor a jornada do cliente, integrar os silos da empresa e, mais recentemente, o achatamento da hierarquia, ao lado da revisão correspondente dos papéis funcionais, das linhas de responsabilização e dos incentivos à aceleração.

Decidir explicitamente quem vai gerenciar de que modo as explosões reduz o tempo e aumenta o provável sucesso de estar pronto para o futuro.

A gestão das explosões pelo BBVA

Agora, voltaremos ao BBVA para refletir brevemente (veja a Figura 2-4) sobre o modo que o banco lidou com as quatro explosões durante a transformação constante. A meta é pensar no tipo de mudança que você precisa fazer para promover novas funcionalidades e valorizar a criação.

 Como o BBVA lidou com as explosões

Direitos de decisão
- Identificou cinco áreas essenciais (como talento e cultura, engenharia, soluções de clientes) e instalou líderes de dentro e de fora da empresa.
- Separou os direitos de decisão da estratégia de lançamento no mercado e de sua execução.
- Criou o processo SDA de priorização, identificação de valor, coordenação e alocação de recursos.

Novos modos de trabalhar
- Adotou métodos ágeis e criou centenas de equipes Scrum multidisciplinares.
- Orientou o trabalho em torno da voz do cliente: por exemplo, catalogou a jornada do cliente como base da orientação proativa e personalizada e posicionou o aplicativo móvel como ponto de contato primário do cliente.

Mentalidade de plataforma
- Substituiu o espaguete de TI por plataformas escaláveis e padronizadas que combinam processos de negócios otimizados, tecnologia eficiente e dados acessíveis.
- Investiu em iniciativas de API internas e externas.

Cirurgia organizacional
- Combinou os grupos que atendiam e vendiam aos clientes num grupo só de execução e desempenho.
- Combinou operações, TI e alguns produtos e criou uma nova competência básica de engenharia para oferecer serviços bancários na empresa toda.
- Criou um grupo de dados subsidiário para fazer parceria com as unidades para monetizar os dados.

Fonte: entrevistas com executivos da empresa; documentos da empresa.

56 TI – TECNOLOGIA DA INFORMAÇÃO: Empresa Pronta para o Futuro

Em 2013, Francisco González, então presidente executivo do banco, já se preocupava havia algum tempo. O BBVA precisava agir com rapidez e decisão cada vez maiores para atender à mudança do comportamento da clientela. O setor bancário enfrentava a iminente disrupção digital, e González temia que os clientes começassem a usar menos os serviços do BBVA a favor dos serviços financeiros mais inovadores oferecidos pelas *startups* de tecnologia financeira e pelos gigantes da internet. González articulou a visão: "Estamos construindo o melhor banco digital do século XXI".[34]

Mentalidade de plataforma

Felizmente, o BBVA já tinha lançado boa parte dos alicerces das plataformas. O banco sempre foi perito em tecnologia e investia pesadamente em plataformas globais reusáveis desde 2007 para competir em mais de trinta países, atendendo a 71 milhões de clientes. O banco trabalhou com afinco para desemaranhar os seus processos de negócios parcialmente digitalizados e, ao mesmo tempo, começou a substituir esses velhos processos e sistemas por plataformas digitais globais, mais eficientes e escaláveis. As plataformas foram projetadas para combinar processos de negócios otimizados, tecnologia eficiente e dados acessíveis, tudo a um custo mais baixo do que o dos concorrentes do setor. Essa mentalidade de plataforma foi um dos capacitadores do aplicativo móvel do BBVA, considerado o melhor aplicativo bancário do mundo em três anos consecutivos pela Forrester Research.[35] Uma boa maneira de avaliar a eficácia da mentalidade de plataforma de uma empresa é olhar a razão entre custo e receita. A do BBVA foi de 46,8 em dezembro de 2020, com tendência de queda e abaixo da média do setor (63,7%).[36]

Direitos de decisão e cirurgia organizacional

Em 2014/2015, o BBVA anunciou uma cirurgia organizacional radical para levar o banco mais para perto da visão de banco digital de González. Carlos Torres Vila, nomeado diretor da nova unidade bancária digital em 2014, foi promovido a CEO, e o banco se reorganizou para facilitar a passagem para o sistema digital. A nova unidade de Execução e Desempenho combinou os grupos voltados às vendas e ao atendimento ao cliente. A nova competência essencial de engenharia combinava operações, TI e alguns produtos para oferecer serviços bancários na empresa toda. Como parte dessa transformação, o banco procurou líderes, principalmente nas novas áreas de competência centrais, e vários vieram de fora do setor bancário.

O BBVA continuou a lançar novas estruturas para criar valor e promover o avanço da transformação. Por exemplo, em 2014 foi criada a subsidiária BBVA Data & Analytics para monetizar os dados. O grupo foi encarregado de concentrar as funcionalidades de dados do BBVA, uma comunidade de especialistas que trabalha com os líderes de negócios em projetos de dados. Até o fim de 2017, a Data & Analytics lançou mais de quarenta projetos de ciência de dados para um terço das unidades de negócios do BBVA, e algumas levaram a novos oferecimentos digitais. O BBVA também criou um escritório de dados ligado diretamente ao CEO e reconheceu os dados como competência essencial.[37] O lançamento recente do processo SDA para priorizar, identificar o valor, coordenar e buscar recursos para todos os projetos deu ao banco uma visão única do seu esforço de inovação e esclareceu ainda mais os direitos de decisão.

Novos modos de trabalhar

O BBVA adotou novas abordagens para cumprir as tarefas. Por exemplo, adotou métodos ágeis em grande escala. Centenas de equipes de Scrum, multidisciplinares e dedicadas, trabalham juntas para desenvolver novos recursos em ciclos de duas semanas com planejamento trimestral para assegurar uma gestão de projetos sistemática, responsável e transparente. O banco revisou a cultura e adotou novos valores culturais (como a mentalidade de testar e aprender e o empoderamento pela responsabilização) com duas metas: atrair e reter os melhores talentos necessários e criar uma cultura corporativa mais ágil e empreendedora.

Em junho de 2021, o BBVA descreveu em quatro etapas sua jornada de transformação em banco digital e baseado em dados: (1) atender os clientes digitalmente; (2) aumentar as vendas digitais; (3) aumentar digitalmente o alcance (acrescentar mais clientes); e (4) dar orientação proativa e personalizada. O banco está trabalhando na 4ª etapa. Por exemplo, foi criado o Global Journeys Catalog, com cerca de cinquenta jornadas para

58 TI – TECNOLOGIA DA INFORMAÇÃO: Empresa Pronta para o Futuro

orientar os clientes em quatro objetivos: controlar a renda e as despesas do dia a dia, gerenciar dívidas, criar uma rede de segurança e planejamento.[38]

Na sua jornada, o BBVA aprendeu várias lições importantes, inclusive que os líderes precisam integrar toda a organização, sem deixar de fora as pessoas da rede de agências. Cada funcionário tem um papel a cumprir na criação da nova empresa digitalmente transformada. O mais importante é que os funcionários precisam se sentir parte da equipe e acreditar que sua contribuição é importante.

Nas nossas oficinas e apresentações, é comum nos perguntarem com qual dessas explosões é preciso lidar primeiro. Nossa análise de estudos de caso e dados de pesquisa indica que não importa o caminho escolhido; a primeira explosão em que se concentrar é a dos direitos de decisão. Ouvimos falar de muitas empresas que começam a transformação com a cirurgia organizacional — muitas vezes de forma prematura, antes de realmente entender os problemas que é preciso consertar. Em vez disso, constatamos que esclarecer quem é responsável pelas principais decisões na parte digital, como a priorização dos investimentos, novas ofertas aos clientes ou um único modo de cumprir tarefas básicas como a integração dos clientes, é o melhor lugar para começar.

Nos Capítulos 3 a 6, discutimos um caminho de cada vez e entramos em detalhes sobre a jornada. Vamos expandir a explicação de como as empresas tiveram sucesso na administração e na ordem das explosões para avançar e ficarem prontas para o futuro.

Concluímos com um tom cauteloso, mas realista. Recentemente, fizemos uma oficina sobre a transformação digital dos negócios para o CEO e os principais executivos de uma grande empresa de serviços financeiros. Pedimos a cada participante que traçasse a transformação da empresa nos três anos anteriores usando a arquitetura dos caminhos. Depois que os outros executivos apresentaram várias versões diferentes da transformação da empresa, convidamos o CEO a mostrar a versão dele. Ele traçou uma série de movimentos: começou no Silos e espaguete, subiu, foi para a direita, depois desceu e voltou, numa rota complicada que continuou durante vários outros rabiscos. Quando terminou, o CEO recuou e disse: "Sabe, não planejamos fazer dessa maneira. Mas, usando as métricas objetivas em relação ao nosso setor, foi esse o caminho que seguimos".

Ele concluiu com a opinião de que os líderes precisavam adotar a mesma linguagem, escolher um caminho e, a menos que as circunstâncias mudem radicalmente, se ater a ele, e todos concordaram. Achamos que é um ótimo conselho. Afinal de contas, a transformação dos negócios é difícil. Em qualquer empresa, todas as partes interessadas (diretoria, funcionários, parceiros e clientes) precisam saber aonde a empresa vai e como chegar lá — e isso é mais importante ainda quando ocorrem os reveses inevitáveis.

(2-5) Avaliação dos caminhos

Escolha a opção que melhor descreve a abordagem da transformação digital dos negócios de sua empresa (selecione uma).

A transformação de minha empresa é:

○ **Caminho 1** – Concentrada em melhorar primeiro as funcionalidades de eficiência operacional antes de melhorar as funcionalidades de experiência do cliente.

○ **Caminho 2** – Concentrada em melhorar primeiro as funcionalidades de experiência do cliente antes de melhorar as funcionalidades de eficiência operacional.

○ **Caminho 3** – Incremental, concentrando-se alternadamente em melhorar a experiência do cliente e a eficiência operacional.

○ **Caminho 4** – Criar uma nova unidade/empresa projetada para ter sucesso na economia digital.

○ Segue mais de um desses caminhos de forma **bem coordenada.**

○ Segue mais de um desses caminhos, mas de forma **mal coordenada.**

○ Não estamos fazendo ou não começamos a transformação.

Até que ponto sua empresa já avançou na transformação digital dos negócios (isto é, percentual concluído) com base no que foi proposto pela diretoria ou pelo CEO?

Estime o percentual concluído:
(0% — ainda não começamos, 100% — acabamos)

%

Fonte: A arquitetura e os caminhos da empresa pronta para o futuro se basearam numa série de conversas e entrevistas realizadas entre 2015 e 2017 com altos executivos do mundo inteiro sobre a transformação digital. A arquitetura, os caminhos e os dados de desempenho foram quantificados em duas pesquisas MIT CISR (2017 e 2019), com novas entrevistas e mais de quarenta oficinas entre 2018 e 2022.

A Era Digital é uma grande oportunidade para os líderes reinventarem a empresa. As mais bem-sucedidas ficarão prontas para o futuro, desenvolverão ambidestria e inovarão constantemente para melhorar a experiência do cliente, ao mesmo tempo que reduzem custos. As que não ficarem prontas para o futuro provavelmente sofrerão a "morte de mil cortes", com *startups*, participantes de outros setores e concorrentes ágeis cortando pedacinhos de seus negócios.

Exercício: a escolha de um caminho

Reúna um grupo que represente a empresa toda. Em geral, fazemos esse exercício com o CEO e a diretoria. Use a avaliação (veja a Figura 2-5) e peça a cada participante que identifique de forma independente que caminho ou caminhos a empresa está seguindo. São sete opções. Cada executivo pode escolher os caminhos 1 a 4, vários caminhos bem coordenados ou vários caminhos não coordenados. Além disso, acrescentamos a opção "sem transformação". Sé alguém escolher essa, provavelmente haverá uma conversa interessante. Se a empresa estiver no caminho da transformação, estime a que distância está da transformação digital (o percentual concluído) em comparação com o plano proposto à diretoria ou ao CEO. Depois de todos votarem (esse é outro exercício em que uma ferramenta de votação *on-line* funciona muito bem) e mostrarem seu resultado, peça a todos que formem duplas. Cada um da dupla tem de explicar sua resposta ao outro; portanto, treine os argumentos. Em seguida, fale o que pensa do avanço da empresa e dos obstáculos enfrentados. Então, reúnam-se em grupo e conversem sobre as diferenças e se a empresa deveria mudar de caminho. É comum haver grande variação de respostas, que refletem os pressupostos diferentes na mente dos participantes. É importante discuti-los, o que também levará a uma linguagem mais homogênea. Divirtam-se e esforcem-se para chegar a um consenso; o futuro da empresa depende disso.

Avaliação: explosões

Depois de chegar a um consenso sobreo o(s) caminho(s) a seguir para a empresa ficar pronta para o futuro, chega a hora de abordar as explosões.

Descobrimos que um bom lugar para começar é com uma votação sobre a eficácia da empresa hoje no controle de cada explosão (veja a Figura 2-6). Então, conversem em grupos separados sobre a(s) explosão(ões) em que devem se concentrar em seguida e que recomendação grande e ousada você gostaria que o CEO implementasse para lidar com a explosão de forma eficaz.

2-6 Avaliação de explosões

Até que ponto a empresa é eficaz em:	Nada eficaz 0%	Um pouco eficaz 25%	Moderadamente eficaz 50%	Muito eficaz 75%	Extremamente eficaz 100%
Mudar os direitos de decisão?	◯	◯	◯	◯	◯
Desenvolver novas maneiras de trabalhar (ágil, testar e aprender)?	◯	◯	◯	◯	◯
Inspirar uma mentalidade de criação e reúso de plataformas?	◯	◯	◯	◯	◯
Reestruturar a empresa?	◯	◯	◯	◯	◯

Fonte: A arquitetura e os caminhos da empresa pronta para o futuro se basearam numa série de conversas e entrevistas realizadas entre 2015 e 2017 com altos executivos do mundo inteiro sobre a transformação digital. A arquitetura, os caminhos e os dados de desempenho foram quantificados em duas pesquisas MIT CISR (2017 e 2019), com novas entrevistas e mais de quarenta oficinas entre 2018 e 2022.

Itens de ação do Capítulo 2

1. Escolha o(s) caminho(s) para a empresa ficar pronta para o futuro de modo a envolver as pessoas certas e conquistar compromisso. O segredo é ter as pessoas certas contribuindo para a decisão, usar a mesma linguagem e obter o compromisso de promover a transformação.

2. Crie um plano para sair na frente das explosões — aquelas disrupções inevitáveis. Por exemplo, identificar os três ou quatro

direitos fundamentais de decisão que é preciso mudar é um excelente começo.

3. Essa é uma boa hora para começar a pensar em quem vai comandar a transformação e como o valor será medido. Além disso, os líderes têm de identificar as atividades que serão interrompidas para liberar tempo, atenção e orçamento para a transformação proposta.

4. Crie um plano de comunicação em toda a empresa para falar da próxima jornada para o futuro e o que os líderes da empresa esperam que todos façam para que ela seja bem-sucedida. Você precisa da adoção de todos da empresa!

Capítulo 3

Caminho 1
Industrialize-se

Este é o primeiro dos quatro capítulos que discutem a jornada de cada caminho e abordamos aqui o caminho 1: a industrialização. É o caminho que cria primeiro força operacional digital e, depois, usa essa força para inovar rapidamente e encantar os clientes. Descrevemos as duas fases distintas do caminho 1 e discutimos as práticas e os mecanismos de liderança que capacitam as empresas a avançar mais depressa. Aprendemos com os estudos de caso da Kaiser Permanente e da Tetra Pak a avançar pelo caminho 1 e a lidar com as explosões organizacionais. Terminamos com uma lista de afazeres para os líderes.

Por que seguir o caminho 1 e o que esperar

Em nossa última pesquisa,[1] constatamos que cerca de 25% das empresas de todos os setores adotam o caminho 1. Tipicamente, essas empresas têm uma experiência do cliente bastante boa e percebem o nível mais baixo (mas ainda significativo) de receita ameaçado pela disrupção digital dos próximos cinco anos; elas estimam perder 26% da receita se não mudarem.[2] O nível mais baixo de ameaça é importante porque o caminho 1 tem duas fases: o cabo e o gancho do taco de hóquei. Essas duas fases são as funcionalidades de construção de plataformas (o cabo) e o aproveitamento dessas funcionalidades com a rápida inovação (o gancho). Criar as funcionalidades leva tempo, e, se estiver muito atrasada em experiência do cliente, a empresa não conseguirá seguir apenas o caminho 1.

64 TI – TECNOLOGIA DA INFORMAÇÃO: Empresa Pronta para o Futuro

Há diferenças interessantes entre os setores das empresas que escolhem o caminho 1. Por exemplo, 35% das empresas de indústria leve e pesada em nossa pesquisa mais recente[3] — bem acima da média — escolhem esse caminho; concentrar-se na excelência operacional é uma abordagem confortável para essas empresas se tornarem digitais. Por outro lado, só 16% das empresas educacionais, sem fins lucrativos e governamentais escolhem o caminho 1, com percentual semelhante ao de bancos e seguradoras. O setor de tecnologia tem o percentual mais alto de empresas que escolhem o caminho 1: 42%, em geral pela (re)construção primeiro de uma série de plataformas e depois com seu aproveitamento para criar ofertas novas e melhores para os clientes.

Em geral, as empresas escolhem o caminho 1 quando têm tempo para construir funcionalidades novas que simplifiquem e reduzam o custo do atendimento ao cliente. Embora as plataformas tenham definições técnicas, nossa maneira simplista de pensar nelas é pegar aquilo em que somos bons — nossas joias da coroa, *o que faz(r)emos melhor do que todo mundo* — e transformá-lo em serviços digitais confiáveis, padronizados, reusáveis e de baixo custo que possam ser rapidamente combinados em ofertas digitais novas ou existentes, pela empresa ou por parceiros, para os clientes. A plataforma é um conjunto integrado de processos de negócios digitalizados e da tecnologia, dos módulos de serviço, das verificações de conformidade e dos dados para atingir um propósito específico (como fazer um pedido). Nem todos os processos de negócios são digitalizados, pelo menos no começo. Alguns exigem intervenção humana, mas a meta é automatizá-los plenamente. E nem todos os processos digitalizados fazem parte de uma só plataforma; ela integra um conjunto de processos e transações relacionados. Em algumas empresas, a plataforma está ancorada num grande *software* comprado, como um sistema empresarial de planejamento de recursos (ERP) ou de gestão de relacionamento com o cliente. Mais recentemente, as empresas podem desenvolver sua(s) plataforma(s) na nuvem ou adquirir (ou usar por um preço) os sistemas oferecidos por outras empresas na nuvem. As pessoas (ou outros sistemas) inserem informações numa plataforma digital e podem usar o resultado, mas não fazem parte da plataforma em si. O propósito da plataforma é liberar as pessoas dos processos nos quais as máquinas têm melhor desempenho. A plataforma "interliga" à empresa as transações de negócios essenciais, confiáveis, previsíveis e de baixo custo e permite o autoatendimento e o atendimento com curadoria.[4] Mais recentemente, a inteligência artificial (IA) tem ajudado as empresas a desenvolver suas plataformas para tomar mais decisões (ou recomendá-las). Por exemplo, o órgão da receita australiana criou uma solução com IA para incentivar os contribuintes em tempo real a adotar comportamentos produtivos em relação aos créditos fiscais, o que resultou em 113 milhões de dólares em alterações nas quantias a restituir em 2018.[5]

A plataforma captura a essência da estratégia da empresa e digitaliza as joias da coroa como um conjunto de serviços modular e reusável. Na construção das novas plataformas, primeiro as empresas devem decidir quais são as "joias da coroa". Se você for um banco, uma joia da coroa pode ser a integração rápida e fácil de clientes, em conformidade com a regulamentação. Você deve reusar essa funcionalidade de integração no máximo possível de produtos, canais e clientes. É uma jornada que costuma envolver a replataforma: passar de Silos e espaguete para serviços digitais reusáveis organizados em plataformas, uma característica importante da empresa pronta para o futuro.

 Princípios do *design* de plataforma pronto para o futuro

Encantar os clientes com integração ao ecossistema.

Reduzir a complexidade do canal com conformidade embutida.

Criar uma camada de dados compartilhados para uso interno e de parceiros.

Aproveitar a plataforma como serviço (PaaS).

Desenvolver serviços essenciais *plug and play*.

Incorporar a conformidade aos produtos e API.

Hospedar-se na nuvem para ter flexibilidade.

Fonte: Michael Harte, pesquisador setorial do MIT CISR.

66 TI – TECNOLOGIA DA INFORMAÇÃO: Empresa Pronta para o Futuro

Num recente projeto de pesquisa sobre a replataforma da empresa, colaboramos com Michael Harte, ex-diretor de informações e operações do Santander UK, do Barclays e do Commonwealth Bank of Australia, e com Peter Reynolds, ex-diretor de informações de serviços corporativos e pagamentos globais do ANZ Bank e atual vice-presidente executivo de pagamentos em tempo real do Mastercard para identificar como seria uma plataforma pronta para o futuro (veja a Figura 3-1). Conceitualmente, a plataforma pronta para o futuro tem seis camadas, com os clientes no topo, conectadas por meio de canais, processos, experiências, dados, integração de produtos e infraestrutura. A conformidade é incorporada aos produtos e aos processos de negócios, em vez de ser buscada depois ou como um acréscimo. As interfaces de programação de aplicativos (API) ou assemelhadas permitem a modularidade *plug and play*. As plataformas prontas para o futuro ajudam a derrubar vários mitos que muitas empresas assumiram ao construir as versões anteriores das plataformas. Por exemplo, uma premissa do projeto de muitas plataformas do passado que não é verdadeira hoje era que não havia necessidade de compartilhamento externo de processos ou dados do cliente. O tamanho, o número e as funcionalidades das plataformas de que a empresa precisa dependem da situação da empresa. Tipicamente, as plataformas são construídas em estágios.

Chamamos a primeira fase do caminho 1 – a construção das funcionalidades da plataforma – de "deserto da digitalização" porque, para o resto da empresa, é como se não houvesse melhora nem inovação imediatas a mostrar, apesar de todo o trabalho e investimento em digitalização. Simplificar as ofertas atuais de produtos, racionalizar os processos de negócio e replataformar leva tempo — muitas vezes, anos. O bom é que as novas tecnologias, como a computação em nuvem, os microsserviços, as APIs, as plataformas como serviço e a IA, reduzem o tempo no deserto da digitalização.

Apesar das novas abordagens, os líderes da transformação do caminho 1 — em geral, o CIO ou o COO — pedem aos colegas das linhas de negócios que parem de requisitar (ou pelo menos evitem solicitar) novos sistemas e esperem a conclusão dos primeiros estágios da industrialização e que os processos digitais estejam prontos para uso e reúso. É claro que os líderes da linha de negócios não querem esperar e, se tiverem orçamento e direitos de decisão, podem criar soluções locais. É aí que, frequentemente, as empresas no caminho 1 fracassam. Em vez de comunicar claramente o que será preciso para que todas as partes da empresa avancem para a parte empolgante e inovadora do caminho 1, o esforço se fragmenta e a tensão aumenta. Os líderes da linha de negócios criam uma miríade de soluções locais e fazem novas ofertas aos clientes, enquanto, ao mesmo tempo, os líderes da transformação operacional continuam a simplificar e racionalizar. Uma boa solução para essa situação tensa é alocar parte do orçamento da transformação, digamos, 20%, para iniciativas inovadoras que encantem os clientes, na condição de que essas iniciativas sejam desenvolvidas como componentes dos estágios posteriores do caminho 1. Essa abordagem de caminhos múltiplos precisa ser bem coordenada, mas é um modo prático de terminar a jornada de industrialização do caminho 1 enquanto a empresa melhora a experiência do cliente e se mantém competitiva.

Quando a fase de construção cria serviços digitais reusáveis e bem-sucedidos, as empresas passam à fase de exploração da inovação rápida. As plataformas, além de digitalizar as operações para executar repetidamente os processos de negócios, também oferecem informações para identificar de onde virá o futuro crescimento lucrativo. Então, com investimento marginal, essas empresas inovam e criam novos produtos, lançados com mais rapidez no mercado porque reusam a plataforma. Em geral, o aproveitamento emprega novos modos de trabalhar, como as equipes ágeis que inovam em *sprints*, o uso e reúso dos serviços recém-formados, as abordagens de testar e aprender, a criação de produtos mínimos viáveis e as decisões baseadas em evidências. Esse aproveitamento, além de melhorar o modo como os produtos atuais são fornecidos, cria ofertas novas e empolgantes para os clientes e gera valor para os clientes e a empresa. A inovação é muito mais rápida, pois qualquer um pode reusar os dados e os componentes modulares criados na primeira fase.

Primeiro as empresas no caminho 1 criam valor com as operações quando se concentram em construir as funcionalidades de sua plataforma e depois trabalham para capturar valor de clientes e ecossistemas enquanto avançam na transformação. Essa é outra boa razão para dedicar, digamos, 20% do orçamento da transformação para conhecer os clientes e desenvolver ofertas inovadoras com parceiros digitais.

68 TI – TECNOLOGIA DA INFORMAÇÃO: Empresa Pronta para o Futuro

Em média, o desempenho financeiro das empresas que concluíram mais de 50% do caminho 1 está entre os melhores, tanto no crescimento quanto na margem em relação aos concorrentes, só sendo superadas pelas empresas no caminho 4. A diferença de desempenho financeiro entre os caminhos 1, 2 e 3, embora não seja enorme, é estatisticamente significativa.

Avanço no caminho 1: Kaiser Permanente e Tetra Pak

Avançar pelo caminho 1 exige, em primeiro lugar, metas claras e um foco incansável em racionalização do produto, simplificação, automação, conformidade e extração de dados de processos enquanto se criam as plataformas. A segunda fase exige repensar a inovação para criar novo valor com o reúso dos serviços digitalizados da plataforma, criados de um jeito novo. As duas fases exigem mudanças organizacionais.

Vejamos duas empresas que fizeram grande progresso para ficarem prontas para o futuro seguindo o caminho 1. Sobre a Kaiser Permanente, um grande sistema de saúde, descreveremos como a empresa criou uma mentalidade de plataforma na primeira fase e agora constrói, com base nisso, uma nova organização concentrada em criar valor dos sistemas digitais. Já a Tetra Pak, grande fabricante de embalagens de alimentos e bebidas, nos concentraremos em como ela avançou pelo caminho 1 e administrou cada uma das quatro explosões com a criação de valor.

Kaiser Permanente: construção de um sistema de saúde digital em primeiro lugar

A Kaiser Permanente é um importante sistema de saúde integrado, sem fins lucrativos, com 12,5 milhões de membros e mais de 200.000 funcionários, entre eles mais de 85.000 clínicos, e uma receita operacional de 93,1 bilhões de dólares em 2021.[6] Sua filosofia é cuidar dos membros de forma holística e mantê-los com saúde. Na fase de construção das funcionalidades da plataforma, a Kaiser Permanente reagiu às mudanças disruptivas da assistência médica com o desenvolvimento de um sistema de saúde com "capacitação digital", um modelo de negócios direto ao consumidor e processos clínicos e comerciais embasados em tecnologia poderosa e amigável ao usuário.[7] A empresa lançou as bases para a transformação da mentalidade de plataforma em 2004, quando começou a implantar um sistema de registro eletrônico e integrado de saúde em todas as suas regiões. Prat Vemana, diretor digital da Kaiser Permanente, explicou:

Nós nos comprometemos com os prontuários médicos eletrônicas como base para todo o trabalho futuro de transformação. Além de capturar e armazenar os prontuários, o sistema se tornou o modo de médicos e equipe clínica colaborarem para fazer o tratamento. Isso tornou nossa empresa mais poderosa como modelo de assistência integrado. Foi um grande passo, um dos primeiros sistemas desse tipo no mercado.[8]

Com o tempo, os líderes reconheceram que um número crescente de membros acessava o prontuário usando dispositivos móveis, o que motivou a empresa a criar uma estratégia móvel em 2010. A estratégia móvel evoluiu para uma estratégia digital holística para o consumidor, que a empresa considerou fundamental para atrair e manter os membros. Diane Comer, diretora de tecnologia e informações, explicou:

A integração de assistência e cobertura da Kaiser Permanente é um modelo distinto e poderoso no setor de saúde. Esse modelo se concentra em prestar assistência de alta qualidade a preço baixo em vez do modelo de pagamento por serviços usado por outros. A ampla variedade de funcionalidades por trás do modelo de "assistência e cobertura" cobre todos os aspectos das ofertas feitas a pagadores e provedores e é demonstrada em nossa tecnologia. Nossa mudança para um sistema digital em primeiro lugar, somado ao apoio ao acesso físico para os que precisam ou querem, resultou no fornecimento sem problemas de tudo: da inscrição às consultas e orientações, dos prontuários médicos às receitas e aos exames laboratoriais. Os membros e pacientes têm amplidão e profundidade de tecnologia espantosas à disposição por meio de nossos ativos digitais.[9]

Para promover o engajamento dos membros, a estratégia digital para o consumidor se concentrou em oferecer experiências personalizadas e relevantes para o contexto por meio do processo de identificar os problemas de saúde e selecionar o canal apropriado para interagir com os médicos,

70 TI – TECNOLOGIA DA INFORMAÇÃO: Empresa Pronta para o Futuro

seja por *e-mail*, telefone ou vídeo, seja por consulta presencial. Como parte da estratégia, a Kaiser Permanente analisou cuidadosamente as inovações digitais e a expectativa de privacidade do cliente.

Para aproveitar a poderosa plataforma, a Kaiser Permanente criou novos modos de trabalhar, com a transformação da organização de TI em 2016 para sustentar o lançamento rápido de funcionalidades digitais por meio da DevOps.

Na fase de inovação rápida da transformação do caminho 1, a Kaiser Permanente está transicionando de "sistema de saúde com capacitação digital" para "sistema de saúde digital em primeiro lugar", nas palavras de Prat Vemana. Cada vez mais, a empresa aproveita a tecnologia digital para o monitoramento e a intervenção contínuos. Por exemplo, a Kaiser Permanente inovou para resolver um grande problema do seu programa virtual de reabilitação cardíaca. Há cerca de 735.000 enfartes por ano nos Estados Unidos,[10] e a taxa de finalização dos programas tradicionais de reabilitação cardíaca é de apenas 50%,[11] o que deixa muitos pacientes vulneráveis a reveses. A empresa de assistência médica fez uma parceria com a Samsung em 2018 para desenvolver um programa domiciliar que usa tecnologia digital (dispositivos vestíveis da Samsung, o aplicativo personalizado HeartWise e o painel clínico em tempo real da Kaiser Permanente) para conduzir a reabilitação depois de um enfarte.

A equipe de inovação, comandada pelo diretor de inovação e transformação Dr. Tadashi Funahashi e pelo Dr. Columbus Batiste (na época, chefe da divisão de cardiologia e, desde 2018, diretor médico do programa de reabilitação cardíaca domiciliar), abordou primeiro os direitos de decisão: eles conseguiram o apoio dos líderes clínicos, médicos e tecnológicos da região do sul da Califórnia e agora se expandem para todas as regiões. Então, usaram uma abordagem de testar e aprender para desenvolver o programa junto com a parceira Samsung.[12] Criaram uma equipe básica, pequena e multidisciplinar com pessoas de operações, serviços médicos, tecnologia e administração. A equipe colaborou com equipes parceiras da Samsung em projeto tecnológico, pesquisa de usuários, engenharia e desenvolvimento de serviços e usou métodos de projeto centrados em seres humanos para entender a necessidade de pacientes e cuidadores. A equipe desenvolveu um protótipo, testou o aplicativo completo com todos os componentes da reabilitação (com exercícios, medicação, adesão, educação e modificação comportamental) com 37 pacientes num período de seis meses e depois ofereceu treinamento e suporte para a mobilização regional. Durante todo o processo, a equipe mediu o valor de várias maneiras, inclusive o laço entre paciente e prestador de serviços, por meio do *feedback* direto do paciente ao médico, da taxa de adesão e da revisão retrospectiva de prontuários.

Na primeira fase dessa transformação do caminho 1, a Kaiser Permanente se concentrou em construir as funcionalidades da plataforma e criar valor com base em clientes e operações. Os membros que se engajavam *on-line* eram mais saudáveis e satisfeitos, com base nos estudos da empresa. O mais importante era que a probabilidade dos membros ficarem com a Kaiser Permanente dobrava quando eles se engajavam *on-line*.[13]

Na fase de inovação rápida, a Kaiser Permanente está criando mais valor com base em parcerias no ecossistema com ofertas digitais inovadoras. Por exemplo, o engajamento dos clientes aumentou drasticamente com o programa virtual de reabilitação cardíaca. Mais de 80% dos pacientes fizeram a reabilitação completa, em comparação com apenas 50% dos pacientes presenciais. O custo operacional foi reduzido, porque a reinternação hospitalar foi de menos de 2%, comparada aos 10% a 15% dos programas presenciais.[14] "Estamos pegando um serviço existente e aprimorando-o digitalmente, não só para melhorar a vida do paciente, mas para obter eficiência no sistema de saúde", explicou Prat Vemana.[15] A meta em prazo mais longo é tornar-se um destino único para os membros da Kaiser Permanente e permitir que controlem a saúde, o bem-estar e o estilo de vida de forma holística em torno das doenças.

A contratação do primeiro diretor digital da Kaiser Permanente marcou o lançamento da segunda fase da transformação em 2019. Um dos primeiros passos foi criar uma nova empresa, a KP Digital, que combinava os antes separados Digital Experience Center (o lado digital dos negócios) e o grupo de TI (o lado tecnológico dos sistemas digitais). O novo grupo de Gestão de Valor e Análise de Dados foi encarregado de desenvolver um painel de métricas que mostrasse onde se criava valor e ajudasse a acelerar a disseminação das ideias e a desincentivar as que não funcionassem. O grupo caracterizou o valor em quatro áreas — membros, utilização, preço acessível e qualidade — e criou métricas em quatro níveis, inclusive um

72 TI – TECNOLOGIA DA INFORMAÇÃO: Empresa Pronta para o Futuro

painel para o CEO que a equipe executiva e o conselho administrativo examinam a cada trimestre. Além disso, criaram um painel de métricas para as equipes de experiência que fazem as ofertas digitais e o revisam semanalmente. Essas métricas mostram, por exemplo, de que modo os membros usam os novos serviços, como as receitas de reposição enviadas *on-line*. Como a Kaiser Permanente está no meio da segunda fase, a maior parte das métricas do painel de valor destacam o valor vindo dos clientes (como o número de membros) e o valor para os clientes. Esta última métrica se concentra profundamente em entender os clientes e sua experiência em toda a linha de assistência, que inclui a compra da cobertura, a inscrição, o controle de alguma doença (pedir novas receitas *on-line* ou assinar notificações, por exemplo) e muito mais. Uma categoria, a "métrica da dimensão do próximo nível", serve para identificar os membros com necessidades não satisfeitas, tanto médicas quanto sociais – segurança alimentar e residencial, creche, alfabetização – que o sistema de saúde poderia abordar em colaboração com outros parceiros do ecossistema, como as organizações comunitárias. O painel de métricas de valor vem se tornando uma ferramenta importante para medir o progresso na fase de inovação rápida do caminho 1 por facilitar as decisões baseadas em evidências.

Tetra Pak: desenvolver a Indústria 4.0 e passar a ser uma empresa em prol da experiência do cliente

A Tetra Pak, parte do Tetra Laval Group, é líder global do mercado de embalagens assépticas de papelão para alimentos e bebidas, com venda líquida total de 11 bilhões de euros em 2020. Embora a embalagem seja sua maior fonte de receita — mais de 183 bilhões de embalagens produzidas por ano —, a empresa também oferece processamento de alimentos e serviços complementares. A Tetra Pak progrediu significativamente na transformação: seguiu primariamente o caminho 1, obteve uma experiência melhor dos clientes com a excelência operacional e lidou elegantemente com as quatro explosões descritas no capítulo 2.[16] Como a Kaiser Permanente, a Tetra Pak ilustra a ordem de importância típica da gestão das explosões nas empresas do caminho 1: (1) mudar os direitos de decisão; (2) criar uma mentalidade de plataforma; (3) cirurgia organizacional; e (4) novos modos de trabalhar.

No início do século XXI, a Tetra Pak reconheceu a importância da eficiência operacional em escala global. Em vez de operar como um coletivo de mais de 160 empresas que vendiam o mesmo produto básico, a administração se concentrou em desenvolver um modelo de operação coerente baseado na automação de processos e em uma única solução padronizada de planejamento dos recursos para se tornar uma empresa global que vende em mais de 160 países. Então, em 2015, os departamentos de estratégia e TI reconheceram o potencial de impacto das tecnologias digitais já facilmente disponíveis, como mídias sociais, dispositivos móveis, funções analíticas, nuvem e soluções de internet das coisas (IoT).

Dennis Jönsson, ex-presidente executivo, explica:

> *Já temos em andamento na arena digital uma série de atividades que são líderes do setor; instalamos uma única plataforma compartilhada na qual administramos todos os nossos negócios globais; e temos em muitas áreas operações enxutas e modernas de TI que constituem uma base sólida para usarmos as informações como um ativo estratégico.*

A iniciativa de transformação digital da Tetra Pak na fase de construção das funcionalidades de plataforma se concentrou na Indústria 4.0 e criou sistemas de colaboração plenamente integrados, mais eficientes e capazes de reagir em tempo real à mudança da demanda dos clientes e das condições das fábricas. O desenvolvimento de um serviço unificado de gestão fabril que permite o controle das operações de ponta a ponta exigiu que a Tetra Pak levasse a um nível mais alto sua mentalidade de plataforma. Para lidar com essa explosão organizacional, a Tetra Pak fez parceria com empresas líderes em tecnologia para capacitar os serviços que tornavam a empresa grande — as operações fabris — e guiar a empresa para usar os dados como ativo estratégico da melhor maneira possível. A plataforma se concentrava em três áreas principais: (1) conectar equipamentos e dispositivos para fornecerem dados úteis a todo o ecossistema da empresa; (2) aproveitar esses dados com funções analíticas avançadas para realizar a manutenção preditiva; e (3) disponibilizar o conhecimento coletivo e a expertise da empresa aos funcionários do mundo inteiro por meio de dispositivos móveis e realidade aumentada. Os provedores de tecnologia eram mais que fornecedores; eles entendiam os negócios da Tetra Pak e

74 TI – TECNOLOGIA DA INFORMAÇÃO: Empresa Pronta para o Futuro

se engajavam no aprendizado mútuo. Essas parcerias estratégicas foram fundamentais para garantir que a empresa experimentasse e executasse sua estratégia digital em escala global. O conjunto de atividades se concentrou em obter valor com as operações.

Infelizmente, a plataforma não resolveu a experiência do cliente. Os clientes ainda precisavam lidar com representantes de várias unidades de processamento, embalagem e/ou serviços: "Podemos falar o tempo todo que somos uma só empresa, mas, se não mudarmos o modo como atingimos o cliente, isso nunca acontecerá", explicou Mark Meyer, diretor de informações.

Para melhorar a plataforma e diferenciar ainda mais as ofertas para os clientes num mercado competitivo, a Tetra Pak mudou progressivamente o foco da eficiência operacional para a experiência do cliente na transição para a fase de inovação rápida. Essa mudança exigiu mais duas explosões organizacionais: a mudança radical dos direitos de decisão provocou a necessidade de cirurgia organizacional. Em vez de criar uma divisão centralizada de experiência do cliente, a Tetra Pak realinhou os direitos de decisão com as unidades de *front end* para melhorar a jornada do cliente em todos os pontos de contato. As equipes multidisciplinares de contas importantes assumiram localmente a responsabilidade de ponta a ponta pelos clientes e aproveitaram o profundo entendimento das necessidades de cada cliente para integrar as interações. Isso exigiu mudanças de métricas e incentivos, que se afastaram da eficiência do *back end* e da redução de custos (que se tornaram responsabilidade de divisões operacionais centralizadas) para se aproximar das vendas e do *net promoter score*. Embora ajudasse a resolver algumas frustrações iniciais dos clientes que tinham de lidar com várias unidades de negócios, essa abordagem não resolveu a complexidade e a subotimização subjacentes dos negócios. Os silos de embalagem, processamento e serviços ainda existiam, e os gerentes de contas importantes tinham controle limitado sobre as operações de *back end*, requisito para melhorar ainda mais a experiência do cliente. Por isso, a empresa buscou uma grande reorganização sob o tema "uma empresa, três negócios", e se concentrou no que é necessário para ter sucesso como uma só empresa e no modo de abordar os clientes. Esse conjunto de atividades focou no valor capturado com os clientes.

Ao lado das outras explosões organizacionais, a Tetra Pak está avançando constantemente rumo aos novos modos de trabalhar com um grande programa de treinamento para criar conscientização e entendimento de elementos básicos da transformação, como componentes da Indústria 4.0, mapeamento da jornada do cliente e a metodologia ágil. Esta última foi especialmente difícil para uma empresa que, durante muito tempo, se concentrou em eficiência e operações unificadas, pois os funcionários eram menos propensos a usar abordagens de testar e aprender. "[Um dos] maiores desafios que temos é a gestão da mudança das pessoas. Não estou nada preocupado com a tecnologia. Ela vai funcionar bem. A questão é mudar o modo como as pessoas trabalham. Isso será dificílimo", disse Goren Liden, diretor de TI.

Hoje, a Tetra Pak se concentra na fase de inovação rápida do caminho 1. Estão em andamento várias iniciativas empolgantes que ajudam a criar valor com os ecossistemas. Por exemplo, em 2019 a Tetra Pak começou a trabalhar na digitalização da produção de alimentos com uma iniciativa chamada "Fábrica do Futuro", com parceiros como Microsoft, ABB, SAP e a provedora de soluções logísticas automatizadas Elettric80.[17] Em 2019, a Tetra Pak também lançou uma plataforma conectada de embalagens para oferecer rastreabilidade de ponta a ponta aos produtores, maior visibilidade da cadeia de suprimentos aos varejistas e mais informações aos clientes (onde o produto foi feito, de que fazenda vieram os ingredientes e como reciclar o recipiente).[18] Em 2020, a Tetra Pak desenvolveu um novo modelo de inovação colaborativa para resolver alguns desafios grandiosos. Por exemplo, a empresa trabalha com pesquisadores, *startups*, fornecedores (como os fabricantes de papelão) e clientes (marcas de alimentos e bebidas) no desenvolvimento de soluções de embalagem com baixo impacto no meio ambiente. A meta era projetar uma fábrica de produção total que facilitasse simular, avaliar e selecionar soluções ótimas para necessidades específicas dos clientes.[19] Laurence Mott, vice-presidente executivo de desenvolvimento e engenharia, explicou:

> *A antiga noção de uma cadeia de suprimentos linear acabou. Precisamos trabalhar em ecossistemas, em parceria íntima com os parceiros de desenvolvimento, que também são nossos fornecedores. Ao mesmo tempo, precisamos trabalhar em colaboração íntima com os clientes. É um desafio imenso fazer tudo isso ao mesmo tempo.*

Como muitas empresas que buscam crescer na era digital, a Tetra Pak reconheceu que não conseguiria fazer tudo sozinha. As parcerias digitais ajudarão todos os lados a crescer mais depressa.[20] Esse conjunto de atividades se concentrava em capturar valor dos ecossistemas e também criar valor com os clientes e as operações. A Figura 3-2 resume como as quatro explosões foram tratadas na Tetra Pak. Sugerimos que você crie um diagrama semelhante de como lidará com as explosões na sua empresa. Depois, avalie com que eficácia está administrando essas explosões!

Como a Tetra Pak lidou com as explosões

Direitos de decisão

- Transferiu o esforço de eficiência e redução de custos de diretores específicos de cada país para funções de serviço compartilhadas.
- Realinhou as responsabilidades dos diretores específicos dos países, atribuiu-lhes a propriedade da experiência do cliente, concentrou-se em métricas como vendas e NPS.
- Reestruturou as métricas e incentivos de desempenho com foco nas vendas e na jornada do cliente (em vez da eficiência).

Novos modos de trabalhar

- Criou programas de treinamento em digitalização e Indústria 4.0 para aumentar a conscientização e o entendimento do potencial das tecnologias disruptivas para a organização.
- Adotou metodologias ágeis (onde aplicáveis) no desenvolvimento de produtos e na TI.

Mentalidade de plataforma

- Desenvolveu um único serviço de administração de fábricas que oferecia controle de ponta a ponta.
- Fez parcerias com líderes em tecnologia para assegurar as melhores soluções possíveis da Indústria 4.0 para a força de trabalho conectada, as funções analíticas avançadas e as soluções conectadas.

Cirurgia organizacional

- Levou o esforço existente de centralização a um nível mais alto — "Uma empresa, três negócios".

Fonte: entrevistas com executivos da empresa; documentos da empresa.

Em que os líderes deveriam se concentrar

A tarefa mais importante dos líderes para percorrer com sucesso o caminho 1 até a empresa estar pronta para o futuro é descrever com clareza para o pessoal o caminho em que você está — várias e várias vezes. Os funcionários realmente precisam entender que há duas fases distintas no caminho 1: construir plataformas e, depois, a inovação rápida. Cada fase tem um foco diferente para a criação de valor e as explosões (veja a Figura 3-3).

Construção de plataformas

A fase de construção de plataformas exige que as empresas identifiquem suas joias da coroa e depois construam plataformas digitalizadas para transformá-las em serviços digitais reusáveis. A construção dessas plataformas exige tempo, em geral mais de um ano, e os líderes precisam ajudar todos a entenderem por que esse tempo de construção é importante e o quê e quando esperar. O maior valor e, portanto, o foco dessa primeira fase vem das operações, mas as empresas também criam algum valor com base

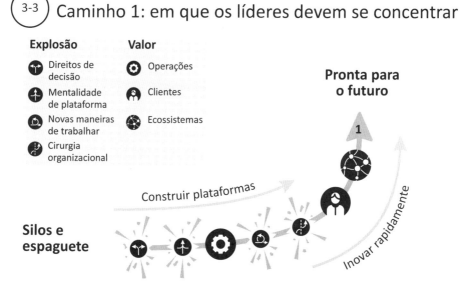

3-3 Caminho 1: em que os líderes devem se concentrar

Fonte: A ordem postulada das ações resulta de nossa pesquisa qualitativa. Testamos a hipótese de que os direitos de decisão eram a explosão para prever e administrar usando, primeiro, as equações de regressão hierárquica e os dados da MIT CISR 2019 Top Management Teams and Transformation Survey (N = 1.311).

78 TI – TECNOLOGIA DA INFORMAÇÃO: Empresa Pronta para o Futuro

nos clientes e ecossistemas (valor que aumenta na fase de inovação rápida). Medir esse valor, contar histórias de sucesso e explicar como as plataformas criam a base do sucesso futuro é uma parte fundamental do papel dos líderes no caminho 1.

Criar a mentalidade de plataforma é fundamental para o sucesso dessa fase. Em algumas empresas, a mentalidade de plataforma é bastante natural; em geral, as empresas industriais consideram que criar a mentalidade de plataforma digital é uma extensão natural do que fizeram no chão de fábrica e nas cadeias de suprimentos. Mas para outras empresas como muitos bancos, seguradoras, serviços profissionais e instituições educativas, é uma grande mudança em termos culturais passar da criação de soluções locais para a criação de plataformas reusáveis. A mudança dos direitos de decisão precisa ser abordada primeiro, principalmente nas empresas acostumadas a criar soluções locais.

Para se orientar de forma eficaz pelo deserto da digitalização no início do caminho 1, os líderes principais têm de deslocar o equilíbrio dos direitos de decisão para longe do pessoal de produto e experiência do cliente e mais para perto dos líderes de operações e construtores de plataformas. Por exemplo, haverá muita demanda de novos recursos para servir melhor aos clientes a serem adicionados às plataformas em construção. Quem decide se e quando esses novos recursos serão acrescentados? Em geral, nas empresas bem-sucedidas no deserto da digitalização, as decisões são tomadas conjuntamente pelos líderes de operações e experiência do cliente, mas talvez levemente ponderados a favor das operações, para que elas possam assumir a responsabilidade de construir e lançar as plataformas. Esse não é um desafio político fácil de administrar e exige transparência e boas métricas. Enquanto pensa em como fará isso na sua empresa, sugerimos que você revise o modo como a Tetra Pak gerencia as explosões (veja a Figura 3-2).

Inovação rápida

Quanto mais cedo começar a fase de inovação rápida, melhor; o tempo no deserto da digitalização se reduz. Uma das lições dos líderes no caminho 1 é construir as plataformas de modo que os serviços digitais entrem *on-line* em fases e possam ser usados para a inovação, em vez de esperar que a plataforma fique pronta. Por exemplo, se você estiver construindo a plataforma de hipotecas de um banco e dois serviços necessários sejam "integração do cliente" e "identidade do cliente", esses serviços podem ser usados antes que a oferta completa de hipotecas esteja pronta.

O valor das operações continua a crescer na fase de inovação rápida, mas o valor dos clientes e ecossistemas aumenta mais depressa, portanto, exige mais atenção dos líderes. Nesse estágio, acrescentar métricas do valor dos clientes e ecossistemas é importante. Normalmente, a mudança de mentalidade exige o foco nas duas últimas explosões: novos modos de trabalhar e cirurgia organizacional.

Os novos modos de trabalhar, como as abordagens de testar e aprender e as decisões baseadas em evidências, ajudam a acelerar a inovação. Como a Amazon e outras empresas de plataforma, agora você pode testar várias estratégias diferentes com seus clientes e receber *feedback* muito depressa com testes A/B.

Em geral, esses novos modos de trabalhar e outras mudanças revelam a necessidade de cirurgia organizacional. Muitas vezes, a cirurgia ocorre na reorganização para reunir a capacidade de contato com o cliente, os dados operacionais e as habilidades digitais para facilitar a inovação rápida. Não observamos nenhuma maneira melhor de fazer isso, mas em geral a questão é criar funcionalidades mais horizontais — por exemplo, serviços compartilhados ou módulos reusáveis que as verticais de contato com o cliente possam usar para inovar rapidamente.

No Capítulo 7 apresentamos um painel de métricas para ajudar a criar, medir e capturar o valor de operações, clientes e ecossistemas com duas lentes: que valor é criado e como o valor foi criado por meio das funcionalidades. Enquanto avança na transformação do caminho 1, pedimos a você que se prepare identificando suas métricas principais para cada um desses três tipos de valor e as funcionalidades que planeja desenvolver para promovê-los.

Itens de ação do Capítulo 3

As três primeiras ações são comuns a todas as transformações.

1. Comunique hoje – e todos os dias – que sua empresa está se concentrando numa transformação do caminho 1 para ficar pronta para o futuro. Pinte o quadro de como será trabalhar

na empresa no futuro e articule os passos do caminho para ajudar o pessoal a entender o papel de cada um.

2. Colete as primeiras histórias de sucesso e as distribua amplamente, dentro e fora da empresa. Esses primeiros indicadores de sucesso é que mantêm elevada a motivação, promovem dedicação e progresso e detêm o impacto dos céticos.

3. Crie um plano para controlar as explosões.

4. Como parte do plano de comunicação da empresa para avançar no caminho 1, descreva as duas fases desse caminho — construir plataformas e aproveitar essas plataformas para inovar rapidamente —, cada uma com foco, ações e criação de valor diferentes. A fase de construção de plataformas exige que as empresas identifiquem suas joias da coroa e depois construam plataformas digitalizadas para transformar essas joias em serviços digitais reusáveis. A fase de inovação rápida costuma exigir que a empresa implemente novos modos de trabalhar e se concentre em reusar as funcionalidades da fase de construção. Elabore com detalhes o que acontecerá em cada fase em toda a empresa.

5. Tente começar a fase de inovação rápida assim que possível, de preferência bem antes de terminar a fase de construção de plataformas. Isso reduzirá o tempo passado no deserto da digitalização e acelerará a criação de valor.

6. Identifique e acompanhe as métricas de valor operacional.

7. Revise os exemplos da Kaiser Permanente e da Tetra Pak para identificar boas ideias que possam ser ajustadas para se alinhar com a cultura de sua empresa.

Capítulo 4

Caminho 2
Primeiro, encante os clientes

O caminho 2 trata de encantar os clientes. Equipes multidisciplinares de toda a empresa inovam usando tecnologia digital, melhores dados e novos modos de trabalhar para engajar e encantar os clientes. Na maioria das empresas, isso funciona maravilhosamente, e quase todos ficam mais contentes. Os clientes adoram os novos serviços e reagem dando notas mais altas para a experiência. Não é raro que o *net promoter score* (NPS) suba vinte ou mais pontos e que a receita aumente. As empresas que subiram para o quadrante da Experiência integrada tiveram crescimento da receita 9,6 pontos percentuais (em relação à média do setor) acima das que estavam no quadrante de Silos e espaguete — uma vantagem imensa.[1]

As equipes multidisciplinares trabalham e inovam de maneira inédita e deixam os clientes satisfeitos com a criação de novas ofertas. Mas toda essa inovação local não aborda a complexidade subjacente dos sistemas e ofertas de produtos, que em geral pioram, aumentando o custo do atendimento ao consumidor. Além disso, no começo o caminho 2 é difícil para as outras partes da empresa. Por exemplo, o pessoal de atendimento ao cliente costuma sofrer por ser responsável por integrar a experiência do cliente em várias ofertas (e canais e sistemas), porque, normalmente, as equipes multidisciplinares que criam as inovações locais não lidam com esse desafio. Portanto, o pessoal de atendimento ao cliente pula entre os sistemas, decora dados e códigos para atenuar os Silos e espaguete e oferecer ao cliente uma experiência melhor. Tipicamente, também é difícil para o grupo de

82   TI – TECNOLOGIA DA INFORMAÇÃO: Empresa Pronta para o Futuro

TI que integra e garante essas novas ofertas — ou pelo menos as torna compatíveis. E o financeiro acha complicada essa parte da transformação do caminho 2 porque deveriam medir o custo do atendimento, o que não é feito com frequência.

Em algum momento, os altos executivos mudam o foco das iniciativas de transformação para aumentar a eficiência operacional e levam a empresa para a direita de nosso arcabouço. Em geral, essa parte da jornada é mais fácil do que o deserto da digitalização do caminho 1, por causa do sucesso já obtido em encantar os clientes.

Por que seguir o caminho 2 e o que esperar

Cerca de 18% de todas as empresas de nossa pesquisa mais recente adotam primariamente o caminho 2 para a sua transformação.[2] Essas empresas costumam ter o desejo ou a necessidade de aumentar drasticamente a experiência de seus clientes, mas não têm tempo de construir as novas funcionalidades do atendimento digital na empresa toda, como quem segue o caminho 1. Em geral, a necessidade é causada pela percepção de que um grande percentual da receita da empresa está ameaçado pela disrupção digital nos próximos cinco anos. As empresas que seguem o caminho 2 estimam que 39% da receita se perderão em cinco anos se elas não mudarem, em comparação com apenas 26% das empresas que seguem o caminho 1. A combinação de experiência atual do cliente relativamente ruim com o nível mais alto de percepção da ameaça é o motor principal da adoção desse caminho. Em média, as empresas que chegam a mais da metade do caminho 2 têm ótimo desempenho financeiro, tanto no crescimento quanto na margem em relação aos concorrentes. O seu resultado é quase igual ao das empresas dos caminhos 1 e 4 e acima do caminho 3.

O caminho 2 tem duas fases: primeiro, o encantamento do cliente; depois, a consolidação e replataforma. A primeira fase é a reação estratégica à posição competitiva da empresa no mercado. Por exemplo, se você for um varejista de roupas com grande área de lojas que passou às vendas *on-line* durante a pandemia de covid-19, é provável que precise melhorar a experiência onicanal do cliente, e o caminho 2 faz muito sentido. Você pode abrir lojas *on-line* em novos mercados que tenham pouquíssimas ou nenhuma loja física, como vimos muitas marcas fazerem. Quando encanta os clientes primeiro para depois consolidar, simplificar e criar uma base de componentes reusáveis (tipicamente em novas plataformas), a empresa avança para ficar pronta para o futuro.

Há algumas diferenças interessantes entre os setores das empresas que escolhem o caminho 2. Por exemplo, 29% das empresas de bens de consumo, 25% dos bancos e 22% das seguradoras escolhem o caminho 2, bem acima da média de 18%. Em contraste, só 9% da indústria pesada, 6% dos serviços, 11% das fábricas e 4% das organizações de saúde preferem o caminho 2.

A primeira fase do caminho 2 se concentra em encantar os clientes e encontrar maneiras de amplificar a voz deles dentro da empresa e desenvolver ofertas melhores para eles. Em geral, encantar os clientes exige a mudança da mentalidade "de dentro para fora" da empresa para "de fora para dentro". Para obter o ponto de vista de fora para dentro, muitas empresas se concentram na jornada dos clientes para entender melhor quando se engajar com eles, onde há atrito e como encantá-los. Elas descobrem que, frequentemente, a jornada dos clientes ocorre em vários canais, envolve múltiplos produtos e exige bem mais integração dos silos organizacionais do que antes. Um modo rápido e prático de integrar esses silos é criar equipes multidisciplinares que representam os silos no ponto de contato com o cliente.

Um dos desafios de seguir o caminho 2 é que muitas partes diferentes do negócio com responsabilidade de contato com o cliente se sentem capacitadas a se concentrar em inovações locais que criam para o cliente uma experiência (local) melhor. É uma época inebriante de criatividade e de oferecer novo valor aos clientes. O processo é viciante porque, para a maioria das empresas, concentrar-se na experiência do cliente funciona bem, resulta em NPS crescente e aumenta a receita. As empresas acumulam e acompanham o valor obtido com os clientes. No início, muitas criam algum valor com os ecossistemas por incluir nos seus canais ofertas digitais selecionadas de parceiros. O instinto é fazer mais o que está dando certo e investir na promoção das inovações locais. Essa nova rodada de inovação também pode funcionar bem e causar um aumento maior da receita e da experiência do cliente.

84 TI – TECNOLOGIA DA INFORMAÇÃO: Empresa Pronta para o Futuro

Mas também há indícios da redução do retorno com a continuação desse processo de inovação se a empresa não passar do foco das iniciativas digitais para a criação de valor com as operações. Na quarta rodada de inovação, o retorno não será tão bom quanto na primeira. Isso ocorre porque se acrescentam mais camadas de sistemas, principalmente sistemas locais, sobre a estrutura já complexa de processos e tecnologia, o que aumenta o custo e o tempo de resposta. Um problema maior é que, dos quatro caminhos, o caminho 2 tem a pior experiência do funcionário, porque sua carga cognitiva aumenta enquanto ele salta de um sistema a outro para satisfazer a necessidade do cliente.[3] E há uma avalanche de novas ofertas que o pessoal de experiência do cliente precisa aprender e integrar às que já conhece. No caminho 2, encontramos a taxa mais alta de frustração e esgotamento dos funcionários que trabalham com a experiência do cliente.

Nesse momento, é comum o pessoal financeiro começar a ver a redução da margem, embora a receita aumente. A maioria das empresas não mede com precisão o custo de atender aos consumidores, mas, se medisse, veria que ele sobe conforme a empresa avança pelo caminho 2. Esse caminho é uma ótima opção para as empresas que precisam melhorar drasticamente a experiência de seus clientes. No entanto, ao mesmo tempo é preciso medir o custo do atendimento para saber quando mudar de direção, concentrar-se em consolidar os novos sistemas e replataformar. Em geral, quando as equipes financeiras não medem o custo do atendimento não há força motriz para desacelerar a inovação local e se concentrar em criar valor com base nas operações.

A fase de consolidação e replataforma do caminho 2 é semelhante à fase do deserto da digitalização do caminho 1, mas o destino é mais claro e é mais fácil controlar as expectativas, pois o sucesso do processo digital já é evidente. A fase de consolidação e replataforma também pode visar de forma mais específica os serviços digitais que a empresa já sabe que são necessários. A fase de encantar o cliente é, efetivamente, uma série de experiências para determinar quais serviços são necessários, que então podem ser criados em grande escala na fase de consolidação e replataforma. O lado negativo do sucesso da fase de encantar o cliente do caminho 2 é que, ao lado dos Silos e espaguete existentes, o aumento da complexidade das experiências locais também precisa ser desfeito e integrado na fase de consolidação e replataforma.

Avanço no caminho 2: CarMax e Cemex

Vamos dar uma olhada em duas empresas que buscaram a transformação digital pelo caminho 2.A CarMax ilustra o modo que uma empresa já bem-sucedida em operações do mundo físico criou novos modos de trabalhar para montar com sucesso um novo modelo de negócios onicanal. A Cemex opera no mundo físico, mas concentrou sua transformação digital em oferecer uma experiência superior ao cliente com engajamento digital.

CarMax: como criar uma experiência onicanal sem lombadas

Quando entrou em operação na década de 1990, a CarMax percebeu que a experiência de comprar e vender carros era difícil e fragmentada. Desde os primeiros anos, a meta dessa empresa americana era tratar as pessoas com respeito e operar com transparência para melhorar a experiência do cliente.[4] Seu propósito era descrito assim: "Na CarMax, nosso compromisso com a inovação e com a experiência emblemática do cliente nos transformou no maior varejista de carros usados do país. Como disruptora original do setor automotivo, nossos preços 'sem pechincha' transformaram o temido e estressante evento de compra e venda de carros na experiência simples e honesta que todas as pessoas merecem."[5] Nos últimos anos, a CarMax se reinventou para se tornar uma empresa onicanal com uma transformação do caminho 2. A visão da transformação recente era engajar os clientes onde e quando eles quisessem. Em agosto de 2020, a CarMax fez um progresso significativo na segunda fase (consolidação e replataforma) com o lançamento da sua plataforma onicanal.[6] O crescimento foi espetacular: a CarMax abriu mais de duzentas e trinta lojas em quarenta e um estados e se tornou o maior vendedor e comprador de carros usados dos Estados Unidos, com receita de mais de 31,9 bilhões de dólares no ano fiscal de 2022. A CarMax também tem a antiga reputação de ser um ótimo lugar para trabalhar, por aplicar a tecnologia para facilitar que os funcionários proporcionem ao cliente uma ótima experiência.[7] Por exemplo, a CarMax lançou um adesivo de para-brisa com QR code para que a situação e os detalhes de cada carro sejam rapidamente identificados, conectando o mundo físico com o digital e facilitando o serviço dos funcionários. Em 2021, a CarMax lançou outra inovação: a ferramenta *on-line* Instant Offer Appraisal (avaliação instantânea

86   TI – TECNOLOGIA DA INFORMAÇÃO: Empresa Pronta para o Futuro

de oferta) para permitir aos clientes que vendem carros que recebam uma oferta da empresa em menos de dois minutos. Como acontece na loja, a avaliação é gratuita, válida por sete dias e independe da compra de outro carro. Shamim Mohammad, vice-presidente executivo e diretor de tecnologia e informações da CarMax, explica: "O Instant Offer foi um sucesso incrível. A tecnologia por trás o deixa facílimo de ser usado pelos consumidores, e a resposta tem sido extraordinária. Desde que lançamos o produto no início de 2021, compramos mais de 707.000 carros pela ferramenta, o que constitui mais da metade do total de nossas compras de veículos no período."[8]

Houve muitos aspectos no sucesso da transformação da CarMax em empresa onicanal, mas destacaremos as duas explosões principais. Primeiro, a criação de novos modos de trabalhar com equipes multidisciplinares ou multifuncionais que usam métodos de testar e aprender (importantes na primeira fase). Segundo, o apoio à mentalidade de plataforma com a criação de painéis de métricas de medição do avanço do valor obtido com clientes, ecossistemas e operações para que todos vejam (é importante na segunda fase). Veja o caso completo no estudo de nossos colegas Jeanne Ross, Cynthia Beath e Ryan Nelson do MIT CISR.[9]

Novos modos de trabalhar com equipes multidisciplinares

Para reinventar a experiência do cliente e torná-la realmente multicanal, a CarMax criou equipes de produto com contato com o consumidor em cinco áreas da jornada do cliente: aquisição, transporte, comercialização, venda e financiamento de veículos. A meta de cada equipe multidisciplinar era trabalhar de forma independente para criar elementos de uma ótima experiência do cliente com o uso de dados e plataformas digitais. O diretor de marketing Jim Lyski explica como as equipes foram organizadas:

> *Começamos com partes que consideramos pedacinhos da experiência do cliente. Assim, podemos dizer que a comercialização digital é um pedacinho. Como mergulhar o consumidor no veículo pela internet? E conforme avançamos, se for um pouco grande demais, decompomos, e temos duas equipes com duas missões.[10]*

As equipes estabeleceram as suas metas usando OKR (objetivos e resultados essenciais), fizeram *sprints* de duas semanas para obter os seus OKR e relataram o progresso em reuniões quinzenais chamadas de *open houses*. As *open houses*, além de servir de fórum para as equipes compartilharem o que tinham feito e conhecer as ideias dos outros, também coordenaram as equipes para atingir da melhor maneira as metas gerais da CarMax.

Cada equipe se concentrou em identificar novas oportunidades e novos modos de trabalhar. Assim que uma ótima ideia era identificada, o foco passava à escala para monetizar a inovação. Shamim Mohammad reflete sobre o poder das equipes multidisciplinares: "Capacite as equipes, dê-lhes a meta, diga-lhes o que você quer conseguir. Então, recue enquanto elas descobrem e fazem todas essas experiências. Elas vão superar a sua expectativa várias vezes".[11]

Mentalidade de plataforma com painéis de métricas

A CarMax criou painéis de métricas para tornar transparente o desempenho e conectar as equipes em tempo real. Enquanto trabalhavam febrilmente nos seus *sprints* quinzenais para atingir os OKR, as equipes poderiam conectar o seu esforço ao quadro maior de valor obtido com os clientes. Gautam Puranick, diretor de dados e chefe de estratégia e análise de negócios, explica:

> *Temos um painel diário que mostra o número de visitas na internet, quanta gente entrou no nosso site e nos nossos aplicativos ontem, quanta gente deu o passo seguinte e disse "ei, estou interessado num carro", que é o que chamamos de lead [...] Assim, todo dia essas equipes todas se concentram na sua fatia da torta. E esse é o casamento do micro com o macro.*[12]

A transformação onicanal posicionou a empresa para crescer no varejo, no atacado e no financiamento automotivo. A CarMax se expandiu para o ecossistema mais amplo de carros usados. Para acompanhar o desempenho onicanal, a empresa lançou novos indicadores-chave de desempenho que verificam trimestral e anualmente o avanço do valor, inclusive o valor das operações:[13]

- Percentual de unidades usadas vendidas pela internet.
- Percentual de receita das transações *on-line*.

88 TI – TECNOLOGIA DA INFORMAÇÃO: Empresa Pronta para o Futuro

- Compras por avaliação *on-line* (compras de carros *on-line* pela CarMax com base em avaliações instantâneas).

- Custo: despesas gerais de venda e administrativas como percentual do lucro bruto.

O caminho 2 se dedica a encantar os clientes de um jeito novo. As novas ferramentas digitais, principalmente plataformas, dados e funções analíticas, acopladas aos novos modos de trabalhar — como as abordagens de testar e aprender das equipes multidisciplinares que trabalham em *sprints* curtos — permitem possibilidades empolgantes. Em outro exemplo, olharemos o setor de construção civil — um setor complexo, cíclico e fragmentado que não é famoso pela boa experiência do cliente. É nesse tipo de setor que estamos vendo grandes melhoras da experiência do cliente com a adoção das abordagens do caminho 2.

Cemex: uma experiência superior do cliente com o CEMEX Go

A Cemex é uma empresa de material de construção com sede em Monterrey, no México. Ela se concentra em quatro negócios principais: cimento, concreto usinado, agregados e soluções de urbanização em mais de cinquenta países.[14] A Cemex opera no setor extremamente fragmentado da construção civil, baseado em relacionamento pessoal, papelada e modos tradicionais de fazer negócios, o que costuma resultar em ineficiência e experiência desigual do cliente. O setor de construção civil, como muitos setores fragmentados, estava maduro para a transformação. Fernando A. González, presidente-executivo da Cemex, resume a oportunidade: "O futuro de nosso setor vai se basear na qualidade da experiência do cliente, não só na qualidade dos produtos e serviços. Cada vez mais, nossos clientes esperam o mesmo tipo de experiência que têm no espaço do consumidor".[15]

No início dos anos 2000, a Cemex passou um tempo considerável melhorando suas operações para obter eficiência global por meio da padronização de serviços (o chamado CEMEX Way) e construir forte reputação de qualidade, segurança e inovação de materiais. O foco em oferecer ao cliente a experiência superior possibilitada pela tecnologia digital foi uma nova fronteira para alcançar o propósito de oferecer infraestrutura resiliente e soluções de construção com eficiência energética. A partir de 2014, a equipe executiva começou uma nova transformação digital projetada em duas fases.

Primeira fase: foco na experiência do cliente

Na primeira fase, a Cemex se concentrou em desenvolver novas funcionalidades para a experiência do cliente com a criação de um canal digital e, depois, sua ampliação como experiência onicanal. González queria que os clientes completassem toda a jornada numa única plataforma digital. Também queria que a experiência fosse impecável, sem importar se o cliente começasse a jornada e fizesse o pedido dentro ou fora da plataforma digital.

A iniciativa inovadora foi a loja CEMEX Go, lançada em novembro de 2017, com a implantação concluída no início de 2019. A loja *on-line* CEMEX Go oferecia a jornada digital completa do cliente: descobrir a Cemex, tornar-se cliente, fazer um pedido e receber os produtos, a fatura e o suporte. Por exemplo, o serviço do mestre de obras, personagem fundamental para o cliente, era muito difícil. Todos os dias eles tomavam muitas decisões com base em pouquíssimas informações e, em geral, não sabiam quando os itens encomendados chegariam nem se haveria atrasos. Para cumprir a promessa de uma experiência superior do cliente possibilitada pela tecnologia digital, a Cemex se concentrou em pôr tudo que o mestre de obras precisasse num só lugar: o celular.

Para capacitar a nova experiência digital e onicanal do cliente, uma parte importante da primeira fase foi integrar a CEMEX Go a um novo sistema de processamento de pedidos e a um novo sistema de gestão do relacionamento com o cliente para substituir os processos de *back end* executados manualmente por trás da interface com o cliente. A integração possibilitou a nova funcionalidade de confirmação digital, a revisão automática de estoque, transporte e outros componentes da jornada do cliente quando o pedido é confirmado *on-line*.

Até 2020, o resultado da primeira fase da transformação foi excelente, com um NPS de 67, em relação a 50 em 2019 e 44 em 2018.[16] Das vendas globais, 52% foram processadas pela CEMEX Go, e cerca de 90% dos clientes que voltaram usavam o serviço.[17] Na pandemia de covid-19, a CEMEX

90   TI – TECNOLOGIA DA INFORMAÇÃO: Empresa Pronta para o Futuro

Go permitiu que os clientes trabalhassem de forma integrada num ambiente de pouco contato. A empresa licencia a plataforma CEMEX Go para outras empresas do setor de construção civil e cria valor a partir do ecossistema.[18]

Segunda fase: foco no custo do atendimento

Na segunda fase, a Cemex se concentrou na eficiência operacional e na redução do custo do atendimento, enquanto continuava (e continua) a melhorar a experiência do cliente.

A maior automação do processamento dos pedidos ajuda a reduzir o custo do atendimento. Até 2022, a empresa havia automatizado o processamento de pedidos de cimento. Mas automatizar o processo do concreto usinado foi mais complexo. A Cemex desenvolveu funcionalidades de inteligência artificial (IA) e aprendizado de máquina para resolver esse problema. A empresa acrescentou uma nova funcionalidade — a previsão de possíveis cancelamentos — ao sistema interno de gestão de concreto usinado (*ready-mix management system*, RMS). O passo seguinte é lançar um sistema de orçamento dinâmico em faixas horárias. Essas novas funcionalidades serão incluídas na funcionalidade de confirmação digital automática da empresa para o tipo de produto usinado.

Além do foco contínuo no valor obtido com clientes e operações, a Cemex tem se concentrado mais em criar novo valor a partir dos ecossistemas, com iniciativas digitais que mantêm o foco em melhorar a experiência do cliente. Nas palavras de Luis Hernandez, vice-presidente executivo de desenvolvimento digital e organizacional, as iniciativas descritas a seguir são mais promissoras do ecossistema, oriundas da iniciativa de inovação digital da empresa. Por exemplo:

- A Cemex criou a empresa Arkik para comercializar o RMS no sistema de *software* como serviço (*Software as a Service* ou SaaS) para clientes independentes de concreto usinado melhorarem suas operações e se conectarem com o processamento de pedidos da CEMEX Go. O plano é criar uma plataforma para administrar e orquestrar os produtos e ajudar esses clientes a dividir os recursos e otimizar suas redes.

- A Construrama, rede de distribuição da Cemex, é a maior loja de varejo de material de construção do México e dos países latino-americanos nos quais a empresa está presente. Em 2018, a Cemex lançou a Construrama Online Store para avançar no esforço de transformar o setor de construção civil. Sergio Menéndez, vice-presidente de vendas a distribuidores da Cemex no México, disse: "Agora nossos clientes terão acesso fácil a um catálogo mais amplo de produtos e poderão escolher, comprar e acompanhar seu pedido *on-line*, com economia significativa de produtividade para nossa rede Construrama de lojas, construtores e clientes finais".[19]

- Lançado em abril de 2019, o CEMEX Go Developer Center lançou a plataforma e conectou os processos da empresa aos clientes por meio de interfaces de programação de aplicativos (API) — isto é, informações do cliente, pedidos da CEMEX Go, gestão de chamados, documentos financeiros, soluções para o setor de construção civil e fábricas da CEMEX.[20] Por exemplo, os clientes poderiam integrar o sistema de planejamento de recursos empresariais deles com a CEMEX Go para encomendar material de construção. Numa comunicação à imprensa de 2019, González explicou que "o CEMEX Go Developer Center é o próximo passo natural do avanço da nossa plataforma digital, depois de alcançar mais de trinta mil clientes em todos os países onde operamos. Os ecossistemas digitais estão mudando os parâmetros tradicionais que as empresas usam para competir, e esse novo estágio da CEMEX Go nos permitirá manter a liderança da transformação digital no setor global de material de construção".[21]

- A CEMEX Ventures (unidade de capital de risco e inovação aberta lançada em 2017) investiu em novas propostas de valor em todo o ecossistema da construção civil. A CEMEX Ventures cria uma "plataforma aberta e colaborativa para liderar a revolução do setor de construção civil [...] e configurar o ecossistema de valor do futuro".[22] Em 2022, a CEMEX Ventures colaborou e investiu em vinte *startups* e se concentrou no impacto a longo prazo sobre o ecossistema da construção civil. Em 2021, entrou na iniciativa setorial

92 TI – TECNOLOGIA DA INFORMAÇÃO: Empresa Pronta para o Futuro

Open-Built para participar do desenvolvimento de uma plataforma que conecta empresas de todo o setor global de construção civil.[23]

Agora vamos dar uma olhada em como a Cemex buscou as principais explosões. Na primeira fase, ela se concentrou em criar um processo para o esforço de transformação digital e conectar a TI com toda a empresa.

Essa decisão do CEO foi a primeira de várias mudanças dos direitos de decisão que afetaram diretamente o financiamento e a aprovação de projetos em toda a empresa. Embora o CEO estivesse plenamente envolvido no esforço de transformação dos negócios digitais, ele não o comandou sozinho. Primeiro, delegou responsabilidade a três áreas separadas: desenvolvimento comercial, recursos humanos e processos e tecnologia da informação. Então, quando a importância da transformação cresceu, ele passou a responsabilidade para a propriedade compartilhada do comitê executivo. Ao mesmo tempo, o comitê executivo reconheceu que a verdadeira melhora da experiência do cliente exigia mais autonomia das equipes de desenvolvimento digital, ao lado de grandes mudanças ligadas aos novos modos de trabalhar. A Cemex lançou metodologias ágeis e formou equipes de *scrum* para desenvolver serviços de plataforma. O conceito de produto mínimo viável os ajudou a aprender e trabalhar com outros departamentos, como o de operações, enquanto desenvolviam a plataforma, que agora está na versão 5.0.

Engajar os funcionários na transformação foi fundamental. A nova direção estratégica da Cemex e os conceitos, práticas e ferramentas necessários para implementar essa estratégia foram amplamente divulgados. A fusão dos programas de aprendizado e desenvolvimento (que reforçaram o treinamento presencial com as plataformas de aprendizado *on-line*) lançaram as bases da transformação dos negócios digitais da Cemex. Foi importantíssimo o desenvolvimento de uma "mentalidade digital", que compreendia cinco componentes:

1. Foco na centralidade e nas jornadas do cliente.

2. Processos de trabalho iterativos com prazo determinado (*time-boxed*).

3. Hábitos de trabalho colaborativo que transcendem os silos e as hierarquias.

4. Ambientes de testar e aprender que promovem a experimentação.

5. Adoção da mudança contínua.

A Cemex reconheceu que precisava entender melhor os clientes para promover a adoção da plataforma. Embora no passado recorresse a informações dos gerentes de negócios, dessa vez a TI adotou conversas contínuas e sistemáticas com os clientes sobre todo o novo desenvolvimento. Num processo de descoberta, os funcionários fizeram 172 entrevistas com clientes, mesas de discussão e pesquisas de mercado para mapear a jornada do cliente e identificar os pontos problemáticos na relação com a empresa. A principal descoberta foi a necessidade insatisfeita do setor de transparência e informações em tempo real para melhorar as decisões, a produtividade e o controle operacional. Os funcionários experimentaram novas iniciativas de contato com os clientes e colaboraram com um parceiro de tecnologia para desenvolver novos aplicativos para clientes. A educação executiva, assim como as oficinas sobre tópicos ligados à transformação digital dos negócios, ajudaram a equipe de líderes a desenvolver uma linguagem comum para guiar e alinhar o esforço da empresa no contato com o cliente e desenvolver uma única plataforma, a CEMEX Go.

Os novos modos de trabalhar foram seguidos pelo desenvolvimento de uma mentalidade de plataforma concentrada em simplificar e facilitar as interações dos clientes com a empresa. Os clientes se referiam à CEMEX Go como "uma loja completa", uma plataforma que lhes permite solicitar, agendar e ajustar os pedidos, receber notificações instantâneas da situação do pedido, acompanhar os caminhões de entrega em tempo real a partir do momento em que saem das instalações da Cemex e administrar faturas e pagamentos desses pedidos em vários dispositivos (como computadores, celulares, *tablets* e *smartwatches*). A rede comercial da Cemex, que representa todas as unidades de negócios, criou uma nova organização chamada Commercial Development, responsável pelo engajamento dos clientes.

A Cemex conseguiu desenvolver rapidamente sua plataforma voltada aos clientes e escalá-la no mundo inteiro, e os clientes adoraram, promovendo o aumento do valor. No entanto, logo teve de voltar a atenção e os investimentos ao aprimoramento operacional e começar a segunda fase da transformação digital do caminho 2. "Tivemos de pisar no freio. Não

94 TI – TECNOLOGIA DA INFORMAÇÃO: Empresa Pronta para o Futuro

podíamos continuar evoluindo sem resolver alguns *bugs* e problemas de *back end* que vinham atingindo um nível nada saudável. Se não déssemos um jeito nisso, a taxa de adoção começaria a cair", disse Fausto Sosa, vice-presidente de tecnologia da informação.[24] A Cemex acrescentou os processos de produção e administração à pauta da transformação e criou duas novas plataformas para complementar a CEMEX Go: a SmartOps para a produção e a Working Smarter para otimizar os processos de suporte à gestão (por exemplo, do registro ao relatório, do fornecedor ao pagamento, da contratação à aposentadoria).

O lançamento global da CEMEX Go exigiu mais padronização de muitos processos, soluções e iniciativas de TI (antes) paralelas. A cirurgia organizacional facilitou esse esforço de padronização. A Cemex dividiu o departamento tradicional de TI numa unidade de "capacitação digital" (que envolvia projetos e funções analíticas voltadas para o cliente e o desenvolvimento das funcionalidades digitais/plataformas da Cemex) e uma unidade de "operações globais de TI" (que envolvia os centros de dados, compras/parcerias e o *backbone* operacional de TI da empresa). Essas unidades também criaram novas funções profissionais (como análise global avançada, experiência e design do usuário) e novos escritórios locais de experiência do cliente para consolidar a prioridade do cliente local.

Em 2019, a Cemex criou duas novas áreas organizacionais diretamente ligadas ao CEO. A cirurgia organizacional visava desfazer ainda mais os silos enquanto integrava as três plataformas: CEMEX Go, SmartOps e Working Smarter. As áreas são (1) sustentabilidade, comercial e desenvolvimento e de operações e (2) desenvolvimento da organização e digital (DoD). A primeira área inclui o desenvolvimento comercial, a gestão da cadeia de suprimentos e as operações. A segunda inclui a capacitação digital, a tecnologia da informação, os recursos humanos, a CEMEX Ventures e a Neoris (uma empresa de consultoria em transformação pertencente à Cemex).[25] A CEMEX Ventures tornou-se parte da organização DoD para conectar melhor a exploração do mercado externo às soluções para atender à necessidade dos clientes. A cirurgia organizacional teve o apoio de outras iniciativas ligadas aos novos modos de trabalhar, como um programa de aprendizado para obter funcionalidade digital em todos os níveis da empresa a partir do Comitê Executivo e dos presidentes dos países, e contratar mais de cem formandos talentosos em carreiras digitais nativas para acelerar a cultura digital na empresa.

A Figura 4-1 destaca como cada uma das quatro explosões foi abordada na Cemex. O CEO Fernando González explicou:

> *Decidir que caminho específico seguir foi apenas o primeiro passo na nossa jornada de transformação da empresa; o maior desafio, como CEO, foi gerenciar atentamente as mudanças organizacionais (ou explosões, para usar o termo do MIT CISR) exigidas para construir uma empresa verdadeiramente digital. Além das consequências tecnológicas, a gestão da mudança precisa estar no alto da lista de prioridades do CEO.*[26]

Um exercício excelente para os líderes da transformação é criar um diagrama semelhante à Figura 4-1 para sua empresa e ver com que eficácia você administra suas explosões.

No que os líderes deveriam se concentrar

A tarefa mais importante dos líderes para percorrer com sucesso o caminho 2 (assim como no caminho 1) até a empresa estar pronta para o futuro é descrever com clareza para o pessoal e os outros interessados o caminho em que você está — várias e várias vezes. As pessoas precisam compreender que há duas fases distintas no caminho 2: encantar os clientes e, depois, consolidação e replataforma. Cada fase exige um foco diferente para a criação de valor e a gestão das explosões organizacionais (veja a Figura 4-2).

Encantar os clientes

Em geral, a fase de encantar os clientes do caminho 2 é cheia de empolgação e entusiasmo das equipes multidisciplinares, que criam novas ofertas e revitalizam as ofertas existentes para melhorar a experiência do cliente. Os novos modos de trabalhar que descrevemos neste capítulo são empolgantes e viciantes. A maioria das empresas libera uma funcionalidade nunca vista de inovação digital que causa impacto grande e mensurável sobre a experiência do cliente. O aumento resultante do *net promoter score* ou de medições semelhantes cria muito entusiasmo para continuar a inovação local.

96 TI – TECNOLOGIA DA INFORMAÇÃO: Empresa Pronta para o Futuro

(4-1) Como a Cemex lidou com as explosões

Direitos de decisão

- Concentrou os investimentos nas iniciativas de experiência do cliente, comandadas por um CEO plenamente envolvido.
- Passou o controle da transformação para o comitê executivo.
- Deu mais autonomia às equipes de desenvolvimento digital.

Novos modos de trabalhar

- Aproveitou, na centralidade do cliente, a disciplina existente em segurança e eficiência das operações.
- Treinou a empresa para criar uma mentalidade digital: mais ágil, colaborativa, iterativa e menos hierárquica.
- Alinhou as iniciativas de transformação da empresa com programas de formação executiva para a direção e de oficinas comandadas pelos diretores.

Mentalidade de plataforma

- Desenvolveu uma plataforma digital integral e multidispositivo para atender à jornada do cliente de ponta a ponta.
- Padronizou os processos e as soluções e eliminou as iniciativas paralelas de TI.
- Explorou um ecossistema aberto com o uso de API, seguido pelo lançamento bem-sucedido da plataforma CEMEX Go para construtores externos.

Cirurgia organizacional

- Dividiu a TI em duas unidades: capacitação digital (focada no cliente) e operações globais de TI (focada na empresa).
- Criou escritórios locais de experiência do cliente e novas funções específicas das operações digitais (como *design*/experiência do usuário e arquitetura digital).
- Criou duas novas unidades: sustentabilidade, comercial e desenvolvimento; e de operações/desenvolvimento da organização e digital.

Fonte: entrevistas com executivos da empresa; documentos da empresa.

No início desse processo de inovação, é importante registrar e divulgar amplamente as histórias de sucesso. Os funcionários veem que a inovação está acontecendo, mas é igualmente importante que clientes, investidores e parceiros tenham consciência do processo. Esses primeiros sucessos aumentam com base em si mesmos e criam ideias ainda melhores e maiores para avançar, além de mais otimismo no futuro.

Os painéis de métricas e outras maneiras de medir o impacto são importantes nesse estágio para divulgar o sucesso e medir os três tipos de

4-2 Caminho 2: no que os líderes devem se concentrar

Fonte: A ordem postulada das ações resulta de nossa pesquisa qualitativa. Testamos a hipótese de que os direitos de decisão eram a explosão para prever e administrar usando, primeiro, as equações de regressão hierárquica e os dados da MIT CISR 2019 Top Management Teams and Transformation Survey (N = 1.311).

valor: clientes, operações e ecossistemas. Como ilustra a Figura 4-2, o valor mais importante a acompanhar é o que vem dos clientes, seguido pelo de operações e, depois, o de ecossistemas.

Como em todos os caminhos, os direitos de decisão são a explosão mais importante para iniciar. Em geral, isso significa capacitar as equipes locais para criar e melhorar as ofertas feitas aos clientes e remover obstáculos, como governança, processos de orçamento lentos, e os departamentos de risco, RH e financeiro atrasando o processo com a exigência de aprovação ou outras intervenções que tornam tudo mais lento. Um banco com que trabalhamos ficou tão frustrado com a lentidão do grupo de risco que acrescentou uma pessoa de risco a cada equipe ágil e lhes deu um capital que poderiam aprovar sem recorrer ao escritório central; isso funcionou muito bem.

Logo depois de resolvidos os direitos de decisão, as empresas precisam se concentrar nos novos modos de trabalhar. Gerenciar explicitamente os novos modos de trabalho é importante para avançar com rapidez pelo caminho 2. Esses novos métodos exigem treinamento, ferramentas, divulgação

98 TI – TECNOLOGIA DA INFORMAÇÃO: Empresa Pronta para o Futuro

de experiências e outras intervenções para que aconteçam mais depressa, como vimos na CarMax.

O painel de métricas também é importante para identificar as correções de curso necessárias caso a inovação não ocorra com velocidade suficiente e, depois, acompanhar o custo do atendimento. Compreender a rapidez com que o custo do atendimento aumenta é importante para determinar quando passar à fase de consolidação e replataforma.

Consolidação e replataforma

A fase de consolidação e replataforma é muito parecida com a fase do deserto da digitalização do caminho 1, mas em geral mais fácil devido ao sucesso obtido até então. As especificações do projeto das plataformas necessárias vêm tipicamente da primeira fase, em que as equipes identificam as novas funcionalidades tecnológicas necessárias para encantar ainda mais os clientes. É aí que o foco no valor das operações ocorre, por meio da explosão da mentalidade de plataforma. Como vimos na Cemex, é comum essa fase ser acompanhada pela cirurgia organizacional para atender melhor às novas prioridades. A fase de consolidação e replataforma difere do caminho 1, pois a inovação para o cliente continua e está conectada de forma iterativa com as novas plataformas. É essa iteração que ajuda a acelerar a empresa para ficar pronta para o futuro.

Itens de ação do Capítulo 4

As três primeiras ações são comuns a todas as transformações.

1. Comunique hoje (e todos os dias) que a empresa está se concentrando na transformação do caminho 2 para ficar pronta para o futuro. Pinte o quadro de como será trabalhar na empresa no futuro e articule os passos do caminho para ajudar o pessoal a entender seu papel.

2. Colete as primeiras histórias de sucesso e as distribua amplamente, dentro e fora da empresa. Esses primeiros indicadores de sucesso é que mantêm elevada a motivação, promovem dedicação e progresso e detêm o impacto dos céticos.

3. Crie um plano para controlar as explosões.

4. Como parte do plano de comunicação da empresa para avançar no caminho 2, descreva as duas fases — encantar os clientes e consolidação e replataforma —, cada uma com foco, ações e criação de valor diferentes. Em geral, a fase de encantar os clientes envolve amplificar a voz deles dentro da empresa e usar esse entendimento para criar ofertas novas. A fase de consolidação e replataforma costuma exigir que as empresas identifiquem suas joias da coroa e depois construam plataformas digitalizadas que transformem essas joias em serviços digitais reusáveis. Essa fase costuma se basear na fase de encantar os clientes e, especificamente, visa aos serviços digitais de que agora a empresa sabe que precisa. Elabore com detalhes o que acontecerá na empresa em cada fase.

5. Não se esqueça de medir o custo do atendimento, em geral por uma equipe financeira, para identificar quando a empresa deve passar à fase de consolidação e replataforma. Identifique o grupo que será o "guarda de trânsito" da empresa.

6. Identifique e acompanhe as métricas do valor do cliente.

7. Reveja as abordagens adotadas pela CarMax e pela Cemex para identificar as boas ideias que possam ser personalizadas para se alinhar à cultura de sua empresa.

Capítulo 5

Caminho 3

Alterne o foco, como se subisse uma escada

Este capítulo explica a adoção do foco disciplinado e alternado entre a experiência do cliente e a eficiência operacional do caminho 3. É o caminho mais popular, porque, para muitas empresas, faz todo o sentido obter melhoras menores, mas tangíveis, da experiência do cliente e, depois, da eficiência operacional, ida e volta, equilibrando pelo caminho os aprimoramentos de cada dimensão. No entanto, as empresas que escolhem o caminho 3 — passos alternados, como se subissem uma escada — enfrentam um risco muitíssimo mais alto, com desempenho financeiro um pouco menor do que a média. O desafio é sincronizar todas as diversas atividades. Para ter sucesso no caminho 3, a empresa precisa ter disciplina para analisar as iniciativas digitais mais curtas (com 6 a 12 meses de duração, por exemplo), concluí-las e depois sustentar a criação de valor da iniciativa de cada degrau para que esses benefícios possam ser passados à próxima iniciativa digital.

Neste capítulo, examinaremos os degraus do caminho 3 e identificaremos as práticas fundamentais necessárias para o sucesso, principalmente em torno da sincronização. Observamos que as empresas, quando avançam pela transformação do caminho 3 e depois de muita prática, finalmente alisam os degraus para percorrer uma linha em 45° rumo a ficarem prontas para o futuro, aumentam ao mesmo tempo a experiência do cliente e a eficiência operacional por meio de iniciativas digitais conectadas e coordenadas.

Por que seguir o caminho 3 e o que esperar

O caminho 3 é o mais popular, com 26% de todas as empresas que estudamos. Entre os setores, é o caminho distribuído de forma mais homogênea. O setor de bens de consumo é o mais representado no caminho 3, e o de mineração, petróleo e gás, o menos representado.[1] Em geral, as empresas que seguem o caminho 3 precisam melhorar mais ou menos ao mesmo tempo tanto a experiência do cliente quanto a eficiência operacional. Em parte, essa necessidade é causada pela percepção de que a receita sofre um nível elevado de ameaça da disrupção digital dos cinco anos seguintes. As empresas que seguem o caminho 3 estimam que perderão 37% da receita em cinco anos se não mudarem, em comparação com apenas 26% das empresas que seguem o caminho 1 (o menor percentual) e 39% das empresas do caminho 2. Com nível de ameaça semelhante nos caminhos 1 e 2, os líderes das empresas precisam pensar no que está causando essa ameaça, pois isso influencia a decisão sobre o caminho a seguir. Se a sua empresa enfrenta principalmente a competição pelos clientes, siga o caminho 2. Caso não consiga descobrir se a ameaça é principalmente externa, ligada à expectativa dos clientes, ou interna, devida ao custo e à complexidade do sistema, a transformação do caminho 3 provavelmente será a melhor opção. Para ter sucesso no caminho 3, a empresa precisa identificar um conjunto de processos que abordem a ameaça e sejam, ao mesmo tempo, conectáveis e administráveis durante, digamos, seis meses cada. As empresas que seguem o caminho 3 acreditam que podem dar passos menores para melhorar a experiência do cliente e a eficiência operacional e, aos poucos, ficarem prontas para o futuro sem se comprometer durante muitos anos com a eficiência do caminho 1 ou com a experiência do cliente do caminho 2. O mais importante é que as empresas que seguem o caminho 3 acreditam (às vezes ingenuamente) que conseguem sincronizar-se com eficácia e trocar de foco em passos menores e, portanto, menos arriscados.

As empresas no caminho 3 alternam as iniciativas digitais que criam valor com os clientes e com as operações. Essas empresas, então, têm o

102 TI – TECNOLOGIA DA INFORMAÇÃO: Empresa Pronta para o Futuro

serviço adicional de coordenar para que tudo funcione em conjunto e continuar capturando os dois tipos de valor em iterações muito mais breves do que nos caminhos 1 e 2. A primeira área de foco pode ser a que a empresa considera mais importante no começo da jornada de transformação. Por exemplo, quando uma empresa de serviços financeiros mal pode esperar para melhorar a experiência do cliente, mas acredita que algumas iniciativas farão grande diferença, pode começar criando um novo aplicativo bancário. Então, a empresa transfere o foco para a eficiência operacional e cria uma camada de interface de programação de aplicativos (API) para acelerar a inovação futura. Em seguida, volta ao foco no cliente e cria ofertas personalizadas em tempo real usando as novas APIs. Depois, para ter mais eficiência operacional, concentra-se na simplificação e na transferência das funcionalidades do sistema para a nuvem. A sincronização concentra a atenção da empresa em priorizar os degraus apropriados, criar e capturar valor a cada degrau e aproveitar as novas funcionalidades no degrau seguinte para avançar constantemente até estar pronta para o futuro.

Sincronizar é o ingrediente fundamental do sucesso no caminho 3. Descobrimos que há quatro elementos-chave para sincronizar os degraus das iniciativas digitais conectadas (não necessariamente nessa ordem).

- **Motivar:** criar a visão de como a empresa se transformará e mostrar que as ações dos funcionários contribuem para o sucesso.

- **Priorizar:** escolher, em geral numa longa lista de desejos, as principais iniciativas digitais dos degraus que criarão valor de forma cumulativa.

- **Inovar:** aumentar a inovação digital da empresa e capacitar as principais iniciativas digitais.

- **Coordenar:** garantir que o valor criado a cada degrau passe para o degrau seguinte por meio de decisões baseadas em evidências, acompanhar o progresso pelos painéis de métricas e promover a comunicação.

As empresas no caminho 3 obtêm valor desde cedo com as operações *e* com os clientes. Quando a sincronização não é eficaz, os degraus se fragmentam, as iniciativas digitais não se conectam, a criação de valor se limita aos silos e o avanço da empresa para estar pronta para o futuro se frustra.

As lições sobre criar valor com as operações e com os clientes que descrevemos nos Capítulos 3 e 4 se aplicam às empresas que seguem o caminho 3. No entanto, as iniciativas digitais são tipicamente menores, mais rápidas e mais conectadas, com menos tempo para aprender.

Avanço no caminho 3: DBS e KPN

Vamos agora examinar o estudo de caso de duas empresas que seguiram o caminho 3 e foram bem-sucedidas na transformação: o DBS, uma empresa de serviços financeiros de Cingapura, e a KPN, operadora de telecomunicações dos Países Baixos. A escolha do caminho 3 pelo DBS se explica, em parte, pela confiança de que conseguiriam administrar a mudança de foco entre a eficiência operacional e a experiência do cliente. O estudo de caso do DBS se concentra na mudança organizacional (ou explosão) dominante: a mentalidade de plataforma. O DBS sincronizou muitas atividades diferentes do caminho 3 com a reorganização em plataformas e cuidou das outras explosões pelo caminho. Por sua vez, a KPN estava em crise e escolheu o caminho 3 porque precisava melhorar a eficiência operacional e a experiência do cliente ao mesmo tempo. O estudo de caso da KPN se concentra em como a empresa gerenciou as quatro explosões para sincronizar as iniciativas.

DBS: construir o melhor banco do mundo sincronizado por plataformas

Uma maneira de ter sucesso na sincronização do caminho 3 é montar e reusar as plataformas: criar ativos para a empresa toda que possam ser interconectados para criar novo valor. O DBS é um ótimo exemplo de empresa no caminho 3 que obteve desempenho financeiro extraordinário.

O DBS é um banco comercial com sede em Cingapura. Oferece toda uma série de serviços bancários para consumidores, pequenas e médias empresas (PME) e grandes corporações e opera em dezoito mercados. De 2009 a 2021, o DBS, que era descrito como *damn bloody slow* (lentíssimo), passou a ser o "melhor banco do mundo" para publicações como *Euromoney*[2]

104 TI – TECNOLOGIA DA INFORMAÇÃO: Empresa Pronta para o Futuro

e *Global Finance*.[3] O DBS realizou uma das viradas mais extraordinárias que já estudamos, e há muitas lições que todos podemos aprender. Veja mais detalhes em nossos estudos de caso do DBS escritos com Siew Kien Sia da Escola de Administração Nanyang de Cingapura.[4]

O sucesso da transformação digital do DBS aumentou os resultados e reforçou sua reputação. A renda total do grupo subiu de 7,6 bilhões de dólares em 2014 para 12,4 bilhões de dólares em 2021.[5] O preço das ações mais do que dobrou de 2016 a 2018, e o ganho superou o dos principais rivais locais. A revista *Euromoney* concedeu ao DBS o título de Melhor Banco Digital do Mundo em 2016 e em 2018. Em agosto de 2018, o DBS foi considerado o "Melhor Banco do Mundo" pela revista *Global Finance*. A publicação observou que o DBS indicava "o caminho para o futuro de todo o setor com a sua transformação digital".[6]

As ameaças apresentadas pela disrupção da tecnologia financeira (*fintech*) eram implacáveis. Ao mesmo tempo, o DBS também enfrentava restrições institucionais à expansão orgânica e ao crescimento por meio de aquisições na região, especificamente nos mercados emergentes do sudeste e sul da Ásia. Em vez de criar bancos do modo tradicional, o DBS viu a oportunidade de aproveitar a tecnologia para crescer nesses mercados emergentes.

O banco iniciou sua estratégia digital em 2009 sob a liderança do então novo CEO Piyush Gupta. De 2009 a 2014, investiu intensamente em tecnologia e passou por mudanças radicais para reconfigurar a empresa inteira para a inovação digital. Os líderes usaram expressões memoráveis para engajar todos os funcionários na criação de valor digital. Por exemplo, tornar-se "digital até o caroço" (ou seja, criar valor com as operações) e "mais vida, menos banco" (ou seja, criar valor com os clientes). Os passos fundamentais da transformação digital foram o desenvolvimento de plataformas digitais escaláveis, a reforma do setor de tecnologia e operações, o aproveitamento da tecnologia para reprojetar a experiência do cliente e a promoção da inovação digital interna e externamente.

Tornar-se "digital até o caroço": criar valor com as operações

A primeira prioridade foi racionalizar e padronizar as plataformas centrais de tecnologia. O DBS fundiu as divisões de tecnologia e operações para formar uma divisão nova. David Gledhill, ex-diretor de informações da empresa, descreve o pensamento da diretoria do DBS:

> *Nossa crença é chegar ao back-end, arrumar a tubulação. Isso exige um trabalho hercúleo na infraestrutura, na integração de camadas, nas mensagens e em todas as inovações associadas necessárias para tornar a arquitetura ágil. Chegar direito ao caroço: é nisso que investimos nosso maior gasto. Vamos acelerar o front end. Construímos sistemas de altíssimo nível com base nisso.[7]*

O DBS fez um diagnóstico abrangente da competência tecnológica, da infraestrutura e das tendências tecnológicas que surgiam. Uma equipe também visitou as principais empresas de tecnologia do mundo para obter noções valiosas e aprender a implementar no banco as melhores práticas dominantes no setor. Gledhill observa:

> *Começamos a aprender como operam as melhores empresas de tecnologia, como montam os sistemas, como pensam na experiência do cliente, como pensam na experimentação, como se movem com rapidez [...]. Também aprendemos a cultura deles e que elementos culturais poderíamos adotar [...]. Para mim, o grande momento "eureca" foi que nenhuma dessas empresa começou montando as coisas do jeito que deveriam ser. Nenhuma. Na verdade, todas começaram mais ou menos como nós [...]. Tinham grandes sistemas legados, tinham monolitos e não eram escaláveis. Não podiam se mover depressa e [portanto] tinham de mudar. Dívida legada, a mesma história. Se elas conseguiram, também conseguiríamos.[8]*

Para ficar em pé de igualdade com as empresas de tecnologia, o DBS construiu seu *pipeline* de entrega para ter escalabilidade, rapidez de lançamento no mercado e inovação contínua. Houve enorme pressão pela virtualização à medida que os servidores eram desativados e os *data centers* encolhiam. O DBS instituiu a política de "tudo vai para a nuvem" e sequenciou sistematicamente a migração de aplicativos: de prontos para a nuvem, passavam a otimizados para a nuvem e, finalmente, nativos na nuvem. A empresa se esforçou para automatizar o máximo possível; usou ferramentas

106 TI – TECNOLOGIA DA INFORMAÇÃO: Empresa Pronta para o Futuro

de automação e otimizou o *pipeline* de desenvolvimento e operações, dos testes à entrada em uso, para aumentar a rapidez. Foram criados novos modos colaborativos de trabalhar para reduzir o tempo até o lançamento e demolir os silos organizacionais.

A engenharia de infraestrutura foi repensada para se basear mais no atendimento e forçar a integração de DevOps (desenvolvimento e operações) com a retirada da separação tradicional entre os dois setores e o reforço do alinhamento entre as unidades de negócios e tecnologia. Finalmente, e talvez mais importante, a ênfase passou do projeto à plataforma, e o financiamento se deslocou de projetos individuais que precisavam de aprovação ou revisão de subcomitês para um grupo de pessoas de negócios e tecnologia que trabalhavam em conjunto e gerenciavam as principais plataformas de tecnologia.

Também houve a decisão estratégica de levar a equipe interna de infraestrutura tecnológica do DBS a administrar sua própria tecnologia, deixando de terceirizar 85% para criar 85% internamente. De acordo com Gledhill, "tínhamos de adotar nossa própria tecnologia, senão jamais teríamos um DNA tecnológico próprio".[9]

Por exemplo, a infraestrutura tecnológica foi criada internamente, com um centro de desenvolvimento na Índia que tinha mil funcionários. Cem por cento dos aplicativos eram de DevOps, 80% deles na nuvem (mais tarde, chegou a uns 95%), com 95% dos sistemas virtualizados. O DBS foi capaz de reduzir o custo de seus aplicativos em mais de 80% até o fim de 2017. A cadência de lançamento de novos aplicativos aumentou quase dez vezes, graças à automação do *pipeline* de desenvolvimento.[10]

"Mais vida, menos banco": criar valor com os clientes

O DBS também levou sua filosofia profundamente entranhada da jornada do cliente a um nível mais alto ao tornar o banco invisível, capturado em seu mantra "Mais vida, menos banco". Lee Yan Hong, diretor de recursos humanos do grupo DBS, observou: "O tempo é precioso, e queremos devolvê-lo aos clientes. Quando tornamos o banco invisível e alegramos a jornada dos clientes por colocar todas as suas necessidades bancárias no celular, eles têm um banco 24 horas na palma da mão. A intenção é remover do cliente as tediosas tarefas bancárias."[11]

A mudança do DBS para incorporar o banco à jornada do cliente foi facilitada por um conjunto de novos indicadores-chave de desempenho (KPI) que acompanharam a criação de valor em cinco áreas, descritas a seguir.

- **Aquisição:** aumentar a aquisição de clientes com distribuição *on-line* mais ampla. Isso significa afastar-se da aquisição de clientes por meio de agências e gerentes de relacionamento rumo ao marketing digital; acesso do RH a novos reservatórios de talentos nas mídias sociais.

- **Transações:** eliminar o papel e criar o atendimento instantâneo, por exemplo: trocar os documentos físicos por eletrônicos, como os extratos consolidados; ir da abertura de contas e da execução de operações de forma manual para o processamento direto com um só clique ou a automação das transações.

- **Engajamento:** promover o comportamento adesivo do cliente e fazer vendas cruzadas com marketing contextual. Exemplos: relatórios personalizados de pesquisa entregues digitalmente; o RH criou um aplicativo multiuso que permitia aos funcionários conectar-se e obter todas as "informações na hora, trabalhar na hora, conectar-se na hora".[12]

- **Ecossistemas:** incorporar os serviços à jornada do cliente, em geral em parceria com empresas por meio de API para oferecer aos clientes novas propostas de valor. Em novembro de 2017, o DBS lançou sua plataforma aberta de API (uma das maiores plataformas de API hospedadas por bancos) que oferecia mais de 150 APIs em mais de vinte categorias de serviço, como transferência de recursos e pagamento em tempo real.[13] A plataforma foi um modo de o DBS e os desenvolvedores acessaram sem impedimentos os aplicativos uns dos outros. A maior parte dessas APIs facilitava os serviços da empresa, como gestão de cartões de crédito, cálculo de elegibilidade para empréstimos, redenção de pontos de fidelidade e cálculo cambial de moeda estrangeira.

108 TI – TECNOLOGIA DA INFORMAÇÃO: Empresa Pronta para o Futuro

- **Dados:** usar dados para coletar ideias operacionais e de clientes. Por exemplo, a equipe de caixas eletrônicos do DBS trabalhou com cientistas de dados para criar modelos preditivos para a manutenção preventiva e a reciclagem de dinheiro. Esse esforço reduziu o tempo de inatividade dos caixas eletrônicos de 20% para um nível desprezível e poupou 20 milhões de dólares para o banco. Do mesmo modo, as equipes de auditoria obtiveram ganho de produtividade considerável com a aplicação de análise de dados e aprendizado de máquina para automatizar processos, como na elaboração do perfil de risco das agências, na análise de fraudes em operações e na avaliação do risco de crédito. O RH também desenvolveu modelos analíticos de avaliação de recrutamento, retenção e produtividade para, por exemplo, identificar as principais características de quem tem o melhor desempenho, prever atritos e implementar os achados no projeto de programas adequados de intervenção precoce.

Sincronização

O DBS sincronizou suas iniciativas digitais para "ser digital até o caroço" (criar valor com as operações) e "mais vida, menos banco" (criar valor com os clientes) e aplicou da seguinte maneira os quatro elementos básicos que apresentamos antes:

MOTIVAR – Para o DBS, as pessoas eram o principal diferencial, e a aspiração era nutrir os funcionários, adotar as qualidades das *startups* e "criar uma *startup* [então] com 26.000 pessoas"[14] para se obcecarem pelo cliente, com base em dados, dispostos a riscos e com aprendizado contínuo. A ambição de se tornar "digital até o caroço" se intensificou quando o DBS se comparou com as melhores empresas fora do setor bancário. Para competir com eficácia, o DBS queria ser um gigante tecnológico como Google, Amazon, Netflix, Apple, LinkedIn e Facebook. A empresa aspirava a ser o D de GANDALF. Gledhill observou:

> *GANDALF foi um grito de guerra extraordinário para nosso pessoal. De tudo o que fizemos, foi o que teve maior impacto sobre o pessoal, porque levou todo mundo a pensar no que era possível. Foi um pivô*

cultural imediato para chocar as pessoas e obrigá-las a pensar de outra maneira, como um para-raios. Muitos de nós construíram a carreira fazendo tudo à moda antiga. De repente, nos dizem que agora é diferente. Na verdade, foi GANDALF que quebrou a barreira e nos permitiu descrever uma maneira diferente de administrar a empresa sem ter a desculpa do passado.[15]

O DBS investiu recursos consideráveis para recapacitar o pessoal. Além disso, desenvolveu modos de trabalho mais flexíveis, como permitir que os funcionários participassem, em meio expediente, de novas equipes dedicadas a ideias inovadoras. Lee Yan Hong descreveu a iniciativa:

Em geral, ao fazer a transformação digital, as empresas se concentram em conquistar a "cabeça" por meio da visão e dos processos baseados em dados. Mas é tão ou mais importante conquistar o "coração". Precisamos garantir que os funcionários estejam alinhados nessa jornada, reconhecer e apreciar seu trabalho e lhes dar a oportunidade de ser a mudança e fazer diferença [...]. Não podemos ser uma grande start-up com cultura digital e, ao mesmo tempo, manter tudo controlado pelo centro. Estamos trabalhando para permitir a capacitação de toda a empresa e vimos que pequenas coisas têm muita importância para mudar a cultura.[16]

COORDENAR – Quando a jornada de transformação digital ganhou ímpeto, o DBS percebeu que as estratégias de negócios e de tecnologia ficavam cada vez mais entrelaçadas. Era preciso fundir ainda mais os negócios e a tecnologia com uma nova reorganização em torno das plataformas tecnológicas.

Para a empresa, a plataforma é uma combinação de ativos tecnológicos e pessoas que sustentam, gerenciam e conduzem esses ativos tecnológicos, assim como seu financiamento. A lista de plataformas do DBS tem quatro categorias:

- **Plataformas de negócios** concentradas nos negócios em contato com o cliente, como operações bancárias de pessoas físicas e jurídicas e operações do tesouro e do mercado de ações.

- **Plataformas compartilhadas com empresas**, que apoiam várias empresas com serviços em comum, como dados de clientes, pagamentos, atendimento aos clientes, desenvolvimento de APIs e tecnologias emergentes como inteligência artificial, *blockchain* e *chatbots*.

- **Plataformas de apoio à empresa**, responsáveis por dar suporte a funções usadas em todos os negócios, como finanças, RH e *core banking*.

- **Plataformas capacitadoras da empresa,** que facilitam a infraestrutura tecnológica, a cibersegurança, o controle de acesso, a arquitetura empresarial e a capacitação dos resultados.

A Figura 5-1 mostra as 14 plataformas iniciais do DBS. Até 2021, o número delas havia aumentado para 33.[17]

5-1 DBS reorganizado por plataformas

Fonte: Adaptado de S. K. Sia; P. Weill; M. Xu. Universidade Tecnológica de Nanyang (Centro de Casos de Negócios Asiáticos); MIT Center for Information Systems Research. "DBS: From the 'World's Best Bank' to Building the Future-Ready Enterprise". Case ref. nº ABCC-2019-001, dez. 2018.

Os incentivos e processos decisórios tiveram de ser realinhados. Para facilitar a mudança, o DBS criou um sistema *two-in-a-box* para governar essas plataformas.[18] Bidyut Dumra, diretor de inovação do DBS, disse:

> *Do ponto de vista da governança, queríamos buscar a abordagem* two-in-a-box. *Ela se relaciona com toda a noção de operar como se fôssemos uma* startup. *Numa* startup, *as duas pessoas principais são o CEO e o CTO, o diretor de tecnologia. Negócios e tecnologia se unem. Quando se é uma empresa digital, esses dois precisam ser sincronizados. Assim, em cada plataforma temos um comando de negócios e outro de tecnologia. Essas duas pessoas tomam todas as decisões da plataforma inteira; têm KPI conjuntos, e ambos buscam o mesmo sonho.*[19]

PRIORIZAR – Na nova organização com plataformas, com modelo de governança *two-in-a-box*, o comando tecnológico da plataforma de negócios dividia a responsabilidade por lucros e perdas, enquanto o comando de negócios dividia a responsabilidade pelos KPI tecnológicos e pelo orçamento de suporte da tecnologia, que seria tratado como despesa de negócios. Essa reorganização em torno da plataforma levou a fusão entre negócios e tecnologia a um nível mais alto, que operava segundo um modelo de priorização numa única lista de pendências. Bidyut Dumra, diretor de inovação do DBS, descreveu a mudança:

> *As listas de pendências de negócios e de tecnologia se uniram. Por exemplo, no RH, a intenção do lado de negócios pode ser automatizar o processo de busca de talentos e o processo de integração dos funcionários; os dois são itens da lista de pendência de negócios. Do ponto de vista tecnológico, pode haver um item como a necessidade de atualizar o* hardware *ou o* software *PeopleSoft. Dá para ver que são listas de pendências separadas. Agora, misture as duas e trabalhe nelas com o mesmo grupo de pessoas. Com a união dessas listas de pendências, o relacionamento muda; a dependência e as conversas mudam, a ponto de dizermos que a intenção é que "negócios é igual a tecnologia" e "tecnologia é igual a negócios".*[20]

INOVAR – O esforço do DBS para criar valor com as operações e com os clientes (tornar-se digital até o caroço e incorporar o banco à jornada do

112 TI – TECNOLOGIA DA INFORMAÇÃO: Empresa Pronta para o Futuro

cliente), apoiado pela iniciativa de recapacitação, foi um terreno fértil para a experimentação contínua e a inovação nos negócios. Mais de dois mil experimentos e projetos de inovação foram lançados em 2017. Especificamente, em abril de 2016, o lançamento na Índia do Digibank, o banco do DBS só para celulares, foi um passo ousado na experimentação com novos conceitos bancários. O Digibank não tinha papelada, assinaturas nem agências. A identidade do cliente era verificada por sua identificação biométrica nacional. O atendimento ao cliente era feito por um assistente virtual baseado em IA que resolvia mais de 80% de todas as solicitações dos clientes sem intervenção humana.[21] O Digibank só exigiu um quinto dos recursos da criação de um banco tradicional; assim, conseguiu competir de forma agressiva, oferecendo aos clientes taxas de juros mais altas e tarifas bancárias mais baixas. Sem agências, caixas eletrônicos nem gerentes, o Digibank India obteve um milhão de clientes no primeiro ano.[22]

O DBS também aprendeu a aprimorar a capacidade de formar parcerias externas e criar valor com os ecossistemas enquanto desenvolvia seu ecossistema digital em torno das necessidades do cliente. Um exemplo foi a parceria com a Tally, maior fornecedora de *software* de planejamento de recursos empresariais (*enterprise resource planning*, ERP) da Índia. A integração das APIs com o ERP da Tally permitiu que o DBS oferecesse produtos financeiros instantâneos, como empréstimos a PME com um fluxo de transações saudáveis, mas com o caixa em baixa.

Em resumo, o CEO Piyush Gupta descreve a transformação do DBS:

> *Tenho de confessar: nem sempre é claro que podemos convocar o futuro. Mas é certo que é preciso ter um ponto de vista sobre o futuro. É necessário pensar bastante sobre isso para ter ideias suficientes para ser adaptativo e responsivo. Nos próximos dez a doze anos, os vencedores serão os que conseguirem criar agilidade, flexibilidade, adaptabilidade e responsividade no seu modo de trabalhar.*[23]

KPN — Controlar as explosões para se transformar iterativamente

Agora nos voltamos para a KPN, maior empresa holandesa de telecomunicações.[24] A empresa enfrentava uma grave situação competitiva em 2014. A KPN seguiu o caminho 3 e obteve melhora significativa até 2018 e daí em diante. Neste estudo de caso, nos concentraremos no modo como a KPN foi e voltou entre as iniciativas digitais concentradas em criar valor com os clientes e com as operações e como lidou com as quatro explosões para ter sucesso na sua transformação.

A KPN presta serviços de comunicação e tecnologia da informação nos Países Baixos e atende aos mercados consumidor e empresarial com uma linha de produtos que inclui conectividade móvel e banda larga, além de serviços na nuvem. Hoje, a ambição da KPN é: "Queremos fazer dos Países Baixos o país mais conectado do mundo. Queremos liderar a digitalização do país e nos tornar o parceiro preferido da vida digital."[25] Ao refletir sobre a jornada de transformação no relatório anual de 2020, a KPN observou: "Desde o início do mais recente programa estratégico de 2019, nos tornamos uma empresa muito mais enxuta, rápida e simples [...]. Construímos uma base forte para os próximos anos."[26]

No entanto, sete anos antes a KPN sofria séria tensão financeira. A forte concorrência tinha reduzido os preços de um mercado saturado, a regulamentação limitara a taxa de terminação e a cobrança de *roaming* e as empresas OTT (*over the top*),[27] como WhatsApp, Skype, Spotify e Netflix, corroeram a transmissão de receita legada (as ligações de voz e mensagens de texto) e impuseram um pesado fardo à capacidade da rede.[28]

A KPN precisava melhorar tanto a eficiência operacional quanto a experiência do cliente quase ao mesmo tempo para se manter competitiva, e o caminho 3 era a melhor opção. No começo da transformação, algumas iniciativas de experiência do cliente, como criar uma identidade única do cliente para os serviços digitais e melhorar o processo de atendimento de pedidos, pareciam muito promissoras, com grande potencial de retorno. Infelizmente, as funcionalidades de TI distribuídas (quase todas terceirizadas) da KPN impediam a empresa de executar imediatamente essas iniciativas: "Nossas funcionalidades eram horríveis. Tínhamos terceirizado demais [...]. Se realmente queríamos realizar o sonho de ser uma empresa digital de telecomunicações, teríamos nós mesmos de criar as funcionalidades", disse Bouke Hoving, ex-diretor de informática da KPN.[29]

Antes de buscar a meta de criar uma experiência melhor para o cliente, a KPN teve de fazer vários aprimoramentos da base operacional, deslocando-se primeiro para a direita (aumentar a eficiência operacional) em seu caminho antes de subir (melhorar a experiência do cliente).

114 TI – TECNOLOGIA DA INFORMAÇÃO: Empresa Pronta para o Futuro

O processo começou com a mudança dos direitos de decisão. O CIO foi encarregado pelo CEO de criar uma unidade de transformação chamada simplificação e inovação (S&I), na qual seria centralizado todo o reprojeto do processo de negócios, da arquitetura de TI e das funcionalidades de desenvolvimento de TI. Em consequência, os diretores de todas as unidades comerciais de negócios tiveram de abrir mão de (boa parte de) seus direitos individuais de mudança, e o CIO suspendeu todas as transformações localizadas do *back end* (em sua maioria, terceirizadas). Isso liberou capital substancial e ajudou a transferir o foco para a criação de modos diferenciados de trabalhar com novas soluções para o cliente.

Levar designers e desenvolvedores para dentro da empresa energizou a inovação e levou o desenvolvimento de TI para mais perto dos negócios. A S&I recorreu a empresas especializadas em recrutar ímãs — os melhores talentos digitais que tinham o poder de atrair mais talento para a empresa — para trabalhar na KPN. A unidade também se mudou da sede da KPN em Haia para Amsterdã, local mais atraente para uma base internacional de candidatos, e lá criou um novo local de trabalho digital e empolgante. A diferença não era apenas física. Os novos contratados iniciaram a mudança dos sistemas tradicionais de processamento para ambientes *open source* baseados na nuvem e trabalhavam em equipes ágeis. Esse novo modo de trabalhar, chamado internamente de "artesanato digital", incentivou a experimentação, o desenvolvimento do artesanato da equipe e os hábitos de trabalho mais coletivos.

Foi difícil incorporar essas práticas ágeis à governança corporativa existente porque o novo modo de trabalhar da S&I não se encaixava nas políticas de denúncia e nos mecanismos de administração tradicionais da KPN: "A maior explosão foi nossa meta interna de cancelar todos os comitês gestores, planilhas de KPI, boletins internos, camadas de administração e sistema de avaliação corporativa, tudo isso um grande inibidor do nosso pessoal", explicou Bouke Hoving. A liderança da S&I nomeou representantes, indivíduos que mantinham linhas de comunicação constante com o resto da empresa e garantiam que a S&I seguisse os requisitos-padrão de divulgação de KPN.[30] Assim se eliminou a sobrecarga desnecessária das equipes ágeis e elas puderam aprender (sem medo da avaliação de desempenho negativa) com os erros cometidos durante o processo ágil de desenvolvimento.

As mudanças iniciadas pelos novos talentos da KPN tiveram efeito positivo sobre a mentalidade de plataforma e o resultado da empresa. A KPN desativou 25% dos sistemas, substituiu todas as plataformas legadas e eliminou aos poucos o *software* tradicional, trocando-o por ambientes open source e baseados na nuvem. No começo da transformação, as equipes ágeis da S&I desenvolveram um motor digital que permitia o acesso por API a mais de trezentos serviços legados do *back end* da KPN, e assim os desenvolvedores puderam concretizar rapidamente as novas iniciativas voltadas aos clientes. Por exemplo, um dos primeiros projetos de motor digital alterou o processo para reduzir de 30 para 3 minutos o tempo de atendimento nas lojas dos pedidos do popular pacote de serviços *quad-play* da KPN — uma inovação importante na experiência do cliente.

A meta da S&I era mostrar resultados rápidos e frequentes e demonstrar o ímpeto da transformação. Só depois da melhora inicial da experiência do cliente a S&I pôs os olhos na nova transformação da coluna vertebral das operações da empresa. Criou-se um sistema inovador de apoio aos negócios para melhorar ainda mais as APIs e capacitar uma segunda onda de aprimoramento da experiência do cliente. Antes de migrar os clientes para a nova estrutura operacional, a S&I trabalhou intimamente com a unidade comercial de consumidores para racionalizar o portfólio de produtos da empresa. Juntas, as duas unidades iniciaram a cirurgia organizacional, começando com um congelamento de dois anos dos produtos comerciais. Nesse período, eles reduziram 80% das ofertas de produtos da KPN e harmonizaram os processos dos produtos restantes. Esse imenso esforço de simplificação ajudou a desfazer os silos internos e consolidou a mudança de foco dos produtos para o cliente.

De 2014 a 2018, a transformação digital dos negócios da KPN criou valor significativo com as operações: reduziu em 90% o tempo de inatividade e poupou 570 milhões de euros (622 milhões de dólares, 90% acima da meta original). Talvez o mais importante foi que a empresa melhorou muitíssimo a experiência do cliente e obteve aumento de 20 pontos no NPS. Isso ajudou a criar mais valor com os clientes, recrutar clientes novos e manter os existentes. Em meados de 2018, a KPN estava pronta para liderar a inovação na era 5G.

Para ajudá-lo a administrar as quatro explosões em sua empresa, a Figura 5-2 resume nossa interpretação de como as quatro explosões foram tratadas na KPN, principalmente como ajudaram a sincronizar as atividades do caminho 3.

O futuro da KPN

Como todas as empresas, a KPN foi afetada pela pandemia de covid-19 em 2019. Felizmente, a transformação ajudou a prepará-la para lidar com esse conjunto de desafios sem precedentes. Joost Farwerck, CEO e presidente

Como a KPN lidou com as explosões

Direitos de decisão
- Obteve com o CEO o encargo de se transformar.
- Centralizou todo o reprojeto de processos de negócios, arquitetura de TI e funcionalidades de desenvolvimento de TI das unidades numa só unidade digital da empresa.

Novos modos de trabalhar
- "Desterceirizou" o talento de *front end* e criou 250 equipes "ágeis ao máximo": autônomas, multifuncionais, capacitadas.
- Concentrou-se no "artesanato" e no aprendizado contínuo dos funcionários; voltou-se para os clientes e baseou-se em dados.
- Cancelou quase todos os relatórios oficiais e mecanismos de avaliação.

Mentalidade de plataforma
- Desenvolveu um motor digital baseado em API para disponibilizar a todos os desenvolvedores os serviços legados.
- Criou uma equipe de infraestrutura e plataformas que levou a KPN para o *open source* e uma solução própria na nuvem e desafiou os desenvolvedores a automatizar sempre que possível.
- Substituiu o espaguete de TI por um sistema de *back end* novo, único e simplificado.

Cirurgia organizacional
- Demoliu os silos de negócios ao remover 80% dos produtos e harmonizar os processos.
- Removeu 90% dos gerentes da unidade digital.

Fonte: entrevistas com executivos da empresa; documentos da empresa.

do conselho administrativo da KPN, refletiu sobre o futuro no relatório anual de 2020:

> *Mudaremos o modo de trabalhar de nossa empresa para um modelo mais híbrido, que reduza a nossa pegada em imóveis, e combinaremos o trabalho remoto com a colaboração, o brainstorming e a socialização num ambiente inspirador no escritório. Acredito que a digitalização e a simplificação contínuas e coerentes criarão uma organização mais eficaz e flexível. O desempenho guiado por um propósito e a força de trabalho com inteligência digital são fundamentais para o nosso esforço permanente.*[31]

Em que os líderes deveriam se concentrar

Liderar a transformação bem-sucedida pelo caminho 3 exige articular a visão de como é a empresa pronta para o futuro e de como a liderança envolverá todos para melhorar tanto a experiência do cliente quanto a eficiência operacional mais ou menos ao mesmo tempo. Ainda mais importante é que a liderança tem de sincronizar todas as engrenagens durante a jornada pelo caminho 3. O elemento mais desafiador é escolher os projetos certos para cada degrau, obter valor com esses projetos e coordenar tudo. Tipicamente, escolher o projeto certo não tem nada a ver com o retorno do investimento no prazo mais curto nem com mandar o melhor vendedor apresentá-lo. A questão é elaborar projetos construídos com base uns nos outros para criar valor alternativamente com clientes e operações e lançar as bases do futuro. Em seguida, é preciso assegurar que o valor dos projetos anteriores se encaixe no projeto seguinte para a empresa prosseguir na jornada e ficar pronta para o futuro.

Coordenar as atividades de uma empresa grande que alterna o foco entre a eficiência operacional e a experiência do cliente também é um grande desafio da transformação pelo caminho 3 e a causa mais provável de fracasso. O DBS utilizou a criação e o reúso de plataformas como veículo para coordenar todas as atividades de sua transformação. A empresa foi reorganizada em plataformas e adotou uma abordagem de governança *two in the box*. Outras empresas usam abordagens diferentes da coordenação e recorrem, por exemplo, às quatro explosões. A KPN se concentrou intensamente

118 TI – TECNOLOGIA DA INFORMAÇÃO: Empresa Pronta para o Futuro

em gerenciar com eficácia os novos modos de trabalhar e mudar os direitos de decisão para coordenar o esforço de transformação.

Para os líderes que embarcam no caminho 3, a Figura 5-3 propõe uma ordem para se concentrar no valor e nas explosões. Como em todos os caminhos, os líderes têm de começar alinhando os direitos de decisão ao caminho. No caminho 3, o poder deve ser entregue aos líderes que priorizam os projetos que a empresa realizará e deixam os outros de lado ou para depois. Uma característica exclusiva do caminho 3 é que os líderes se concentram em criar valor com as operações e com os clientes no primeiro ano. A maioria das empresas cumpre essa tarefa criando uma visão, escolhendo os projetos principais e depois criando um painel de métricas para medir o valor e mudar os incentivos para obter o valor desejado.

As empresas que estão nas primeiras seções da escada precisam se concentrar nos novos modos de trabalhar para criar rapidamente valor com os clientes, como vimos tanto na KPN quanto no DBS. Quando a empresa se desloca horizontalmente pelos degraus, o foco inicial é a criação

5-3 Caminho 3: no que os líderes devem se concentrar

Fonte: A ordem postulada das ações resulta de nossa pesquisa qualitativa. Testamos a hipótese de que os direitos de decisão eram a explosão para prever e administrar usando, primeiro, as equações de regressão hierárquica e os dados da MIT CISR 2019 Top Management Teams and Transformation Survey (N = 1.311).

de plataformas que aproveitem as joias da coroa da empresa e as tornem reusáveis nos degraus posteriores. Em geral, mais à frente, as empresas se reorganizam para ficarem prontas para o futuro mais depressa e começam a obter mais valor com os ecossistemas. Essas novas metas também precisam ser percebidas nos painéis de métricas e na mudança de incentivos.

Itens de ação do Capítulo 5

As três primeiras ações são comuns a todas as transformações.

1. Comunique hoje (e todos os dias) que a sua empresa está se concentrando numa transformação do caminho 3 para ficar pronta para o futuro. Pinte o quadro de como será trabalhar na empresa no futuro e articule os passos do caminho para ajudar o pessoal a entender seu papel.

2. Colete as primeiras histórias de sucesso e as distribua amplamente, dentro e fora da empresa. São esses primeiros indicadores de sucesso que mantêm alta a motivação, promovem dedicação e progresso e detêm o impacto dos céticos.

3. Crie um plano para controlar as explosões.

4. Como parte do plano de comunicação da empresa para avançar no caminho 3, visualize como será essa transformação e descreva as iniciativas de prazo mais curto (6 a 12 meses de duração) que alternarão o foco entre melhorar a experiência do cliente e aumentar a eficiência operacional. Seu pessoal dependerá desse mapa para guiar a atenção e as atividades deles.

5. Concentre-se nos projetos de sincronização ao longo dos degraus. Isso consiste em escolher projetos-chave que ofereçam valor real em prazo relativamente curto, acumular esse valor e depois transmitir as lições aprendidas ao próximo projeto, para que haja aprendizado e avanço cumulativos.

6. Tenha consciência do rebote que pode ocorrer no caminho 3 devido à natureza iterativa de curto prazo dos projetos que formam a transformação. Você precisará implementar governança

120 TI – TECNOLOGIA DA INFORMAÇÃO: Empresa Pronta para o Futuro

e comunicação fortes para mudar o foco, dependendo de onde a empresa está na transformação.

7. Acompanhe as métricas de valor tanto de operações quanto de clientes e, talvez, o valor dos ecossistemas. Essa é uma das tarefas mais difíceis de acertar na transformação do caminho 3. Se possível, identifique métricas que consigam as duas coisas (ou, no melhor dos mundos, as três).

8. Revise os exemplos do DBS e da KPN para identificar boas ideias que possam ser ajustadas para se alinhar com a cultura de sua empresa.

Capítulo 6

Caminho 4
Crie uma nova unidade

O que fazer quando a empresa não tem tempo para se transformar e aproveitar uma nova oportunidade digital de negócios ou de defender-se de uma grave ameaça digital? Resposta: crie uma unidade nova, digital desde o nascimento e projetada para o sucesso — com as pessoas certas, o novo modelo de negócios, a cultura de capacitação e os melhores parceiros e plataformas. A construção dessa nova unidade é o quarto caminho para a empresa ficar pronta para o futuro. Em muitas empresas, a iniciativa do caminho 4 implementa um novo modelo de negócios e, em geral, faz parte de uma transformação com múltiplos caminhos (que se espera que sejam) bem coordenados. Por exemplo, uma seguradora pode seguir o caminho 1 para industrializar seu principal negócio, automatizar os avisos de sinistro e melhorar a experiência do cliente. Ao mesmo tempo, a empresa também pode criar uma unidade do caminho 4 com um novo modelo de negócios baseado em ecossistemas para se tornar o destino preferido em seguros de imóveis e integrar seus produtos a serviços de parceiros, como sistemas de alarme, iluminação e muros, tudo com uma nova marca voltada para a geração Y e vendido apenas por aplicativo.

Eis a seguir algumas iniciativas bem-sucedidas do caminho 4.

- **Climate FieldView da Bayer** – A Climate LLC, subsidiária da Bayer, é um destino seguro para os agricultores controlarem a produção por metro quadrado de suas plantações na plataforma FieldView.

122 TI – TECNOLOGIA DA INFORMAÇÃO: Empresa Pronta para o Futuro

Assim, podem se concentrar em suas metas (em vez de usar apenas insumos como sementes e herbicidas).[1] O propósito é "um ecossistema agrícola digital em que agricultores do mundo inteiro possam acessar com facilidade um conjunto amplo e interligado de dados, serviços e ferramentas para otimizar todas as decisões da fazenda".[2] A Climate integra mais de 70 ofertas de parceiros, como imagens via satélite, sensores, drones, informações climáticas, *software* de prescrição de plantio, seguros e outras, no serviço por assinatura.[3] O setor de agricultura digital, lançado em 2015, cresceu para mais de 72 milhões de hectares no mundo inteiro em 2020.[4] A unidade do caminho 4 é uma iniciativa fundamental para a divisão de ciência agrícola da Bayer cumprir a meta de soluções digitais baseadas em resultados. Em novembro de 2021, a Bayer anunciou a parceria com o Microsoft Azure para ampliar a FieldView e desenvolver uma plataforma digital para promover a sustentabilidade agrícola num ecossistema mais amplo que inclui empresas do setor alimentício.[5]

- **Good Doctor, da Ping An** – A Ping An, maior seguradora da China, criou a plataforma Good Doctor, um destino 24 horas para serviços de saúde oferecidos por um ecossistema crescente com 189.000 farmácias, 4.000 hospitais, 1.700 centros de checape e mais de 1.800 instituições médicas (em 30 de setembro de 2021) e uma equipe médica interna de 2.000 profissionais, cujos serviços são coordenados por assistentes de inteligência artificial. Em 2021, a plataforma tinha mais de 400 milhões de usuários registrados (um aumento de 55 milhões de usuários desde 2020) e 740.000 usuários pagos de clientes corporativos de assistência médica.[6] A empresa registrou uma receita de 3,818 bilhões de iuanes (cerca de 605 milhões de dólares),[7] 39% a mais do que no ano anterior.[8] Em 2021, a Ping An Good Doctor também anunciou uma nova estratégia de crescimento com novas ofertas para os clientes, como a assinatura de médico de família e um modelo de negócios que visa aos usuários individuais e corporativos de assistência médica e aos profissionais de saúde.[9]

- **Next, do Bradesco:** O next, do Bradesco, é uma plataforma digital que pretende facilitar a vida e incentivar as pessoas a atingir sua meta. Foi lançado em 2017 como o banco digital do Bradesco. Em 2022, funcionava como plataforma digital, com o Bradesco como principal investidor e mais de dez milhões de clientes. A empresa atribui seu crescimento ao foco nos clientes, à escuta atenta às suas necessidades e à compreensão das tendências e dos comportamentos por meio de dados analíticos. Além de serviços financeiros (contas-correntes, contas-salário, cartões de débito e crédito, opções de seguro, investimentos e empréstimos), o next oferece soluções não financeiras. Entre elas, estão a nextShop (um mercado de varejo com ofertas e *cashback on-line*); a conta nextJoy para crianças e adolescentes em parceria com a Disney; serviços de *streaming* pela internet; e integração com carteiras digitais.[10]

- **Nequi:** O Nequi, iniciativa do Bancolombia no caminho 4, foi o primeiro banco digital da Colômbia.[11] Essa *startup* foi criada em 2014 no laboratório de inovação do Bancolombia, com duas metas: (1) atrair para o Bancolombia quem não tinha conta em banco e ajudar esses clientes a lidar com dinheiro – por exemplo, com linguagem simples e metáforas como "bolso" e "dinheiro no colchão" para deixar os usuários mais à vontade – e (2) tornar-se um laboratório de testes para o negócio bancário tradicional do Bancolombia. Por exemplo, o Bancolombia testou parte de sua estratégia de ecossistema por meio do Nequi, com experiências com interfaces de programação de aplicativos (APIs) para desenvolver parcerias. Depois, esse aprendizado foi integrado às operações do banco. A perspectiva de longo prazo do Nequi — permanecer como unidade de negócios ou se tornar uma empresa separada — não ficou clara até que a pandemia de covid-19, e a resultante distribuição de auxílios pelo governo, transformasse sua base de usuários. No fim de 2021, o Nequi tinha mais de dez milhões de clientes, mais diversificados do que se previa. Em dezembro de 2021, a diretoria do Bancolombia autorizou o Nequi a operar como empresa de crédito 100% digital — separado do Bancolombia, com licença financeira própria.

Por que seguir o caminho 4 e o que esperar

Cerca de 10% de todas as empresas que estudamos adotaram o caminho 4 como abordagem dominante para ficarem prontas para o futuro. Além disso, entre os 22% que adotaram vários caminhos, muitos têm uma iniciativa no caminho 4. Em geral, o caminho 4 foi adotado por empresas dos setores de bens de consumo, serviços financeiros e indústria leve e pesada. As empresas dos setores de mineração, petróleo e gás, educação e mídia/telecomunicações tiveram menos probabilidade de adotar uma jornada no caminho 4.

É comum que a necessidade de rapidez no lançamento no mercado leve as empresas a adotar o caminho 4 da transformação, alimentadas pela percepção dos líderes de que, dos próximos cinco anos, uma parcela significativa da receita estará ameaçada. As empresas no caminho 4 estimavam que 43% da receita se perderia em cinco anos se não mudassem, contra 26%, 39% e 37% das empresas que seguem respectivamente os caminhos 1, 2 e 3. As empresas do caminho 4 acreditam que há um modelo de negócios com uma nova oportunidade atraente que exigirá uma abordagem diferente da que é possível no negócio principal.

As transformações do caminho 4 visam criar uma unidade pronta para o futuro, digital desde o primeiro dia. Essa oportunidade torna empolgante o caminho 4: a empresa testa e aprende sem um manual estabelecido, o que seria muito mais difícil no negócio principal. Na pesquisa, constatamos que os executivos das empresas na jornada do caminho 4 deveriam responder às quatro perguntas a seguir — mas, em geral, não é o que fazem.

Qual é o modelo de negócios?

Uma pergunta fundamental a fazer em qualquer iniciativa digital, e mais ainda numa transformação do caminho 4, é: Qual é o modelo de negócio proposto? No nosso livro *Qual o seu modelo digital de negócio?* (M.Books, 2019), descrevemos quatro maneiras diferentes para as empresas ganharem dinheiro na era digital.[12] Em nossas oficinas com altos executivos sobre suas iniciativas mais importantes de transformação digital, constatamos que a maioria das empresas grandes explora quatro modelos de negócio em duas dimensões: a profundidade do conhecimento do cliente final e o projeto de negócio da empresa (ver a Figura 6-1). A maioria das empresas grandes obtém receita com mais de um modelo de negócio. Em média, os quatro modelos são lucrativos, embora os perfis de risco e a recompensa sejam diferentes — e é comum as empresas operarem com mais de um modelo. Listamos os modelos pela taxa de crescimento ajustada por setor, da mais alta à mais baixa.

 Quatro modelos digitais de negócio

Conhecimento completo do cliente final

Onicanal

- Possui relacionamento com o cliente.
- Cria experiências multiprodutos para resolver tarefas a cumprir para o cliente.
- Oferece opções de canais, e os clientes escolhem.
- Aproveita a cadeia de valor integrada.

p. ex., bancos, varejo, serviços públicos

Propulsor do ecossistema

- Torna-se o destino preferido no seu domínio.
- Acrescenta produtos complementares e, talvez, concorrentes.
- Assegura a ótima experiência do cliente.
- Estabelece correspondência entre a necessidade do cliente e os fornecedores.
- Obtém dados do cliente em todas as interações.
- Cobra aluguel.

p. ex., Amazon, Fidelity, Domain

Cadeia de valor ←→ **Ecossistema**

Fornecedor

- Concentra-se na produção com baixo custo e na inovação incremental como habilidades básicas.
- Arrisca-se a perder poder.

p. ex., indústria em geral, setor farmacêutico

Produtor modular

- Capaz de se adaptar a qualquer ecossistema.
- Inova constantemente.

p. ex., PayPayl, Okta, Klarna

Conhecimento parcial do cliente final

Fonte: WEILL, P.; WOERNER, S. L. *Qual o seu modelo digital de negócio?* 6 perguntas para ajudar a construir a empresa de próxima geração. São Paulo: M.Books, 2019.

126 TI – TECNOLOGIA DA INFORMAÇÃO: Empresa Pronta para o Futuro

- **Propulsor do ecossistema** – Empresas que são o destino preferido dos clientes por oferecer serviços próprios e ofertas complementares selecionadas de parceiros. Entre os exemplos estão Amazon, TradeLens, Climate FieldView e Domain.

- **Produtor modular** – Empresas que prestam serviços de *plug and play* e se adaptam a vários ecossistemas. Em geral, essas empresas se baseiam em plataformas digitais com um conjunto de serviços que usam API e são agnósticas em tecnologia. Entre os exemplos, estão PayPal, Kabbage, parte da Fidelity e Okta.

- **Onicanal:** Empresas que oferecem aos clientes acesso a seus serviços em vários canais, visando combinar de forma contínua e sem percalços a experiência física e digital. Exemplos desse modelo são a maioria dos grandes bancos e varejistas, entre outros.

- **Fornecedor** – Empresas que oferecem seus produtos na cadeia de valor de outra empresa. Tipicamente, os fornecedores não têm relação forte com o cliente final e enfrentam dificuldade com as vendas cruzadas. Entre eles estão muitas indústrias, empresas farmacêuticas, algumas seguradoras, bancos e empresas que vendem produtos de investimento.

Em anos recentes, só os modelos de propulsor do ecossistema e produtor modular têm crescimento e margem acima da média do setor.[13] Os outros dois modelos, embora ainda lucrativos, têm crescimento e margem de lucro abaixo da média do setor, e espera-se que essa tendência se reforce na próxima década. Embora às vezes vejamos iniciativas do caminho 4 que implementam os modelos de negócio onicanal e de fornecedor (por exemplo, unidades de negócio lançadas em novos países), a maioria das iniciativas que vimos e estudamos buscam os modelos de propulsor de ecossistema ou de produtor modular.

Qual é o domínio do cliente-alvo?

A pergunta fundamental para qualquer empresa que pense no modelo de propulsor do ecossistema é: Para quem queremos nos tornar o destino preferido? Como Amazon, TradeLens ou Domain, a resposta fica mais ambiciosa conforme o ecossistema tem mais sucesso. Durante décadas, as empresas se viam operando nos setores bancário, varejo, transportes, automotivo e energia, entre outros. Por outro lado, a maioria dos clientes tem necessidades e problemas (muitas vezes transetoriais) que precisam ser resolvidos. Por exemplo, os clientes empresariais querem controlar o consumo de energia; os consumidores querem educação, casa própria, organizar a vida cotidiana. Chamamos de *domínios* esses problemas do cliente.[14] Esse descompasso costuma resultar numa experiência fragmentada do cliente. O modelo de negócio do ecossistema repensa a solução das necessidades do cliente em cada um de seus domínios importantes.

Por exemplo, para servir aos clientes B2B (*business to business*), a Schneider Electric passou de vender produtos separados para as soluções energéticas conectadas e abordou o domínio do cliente de controlar a necessidade de energia. O resultado é que mais de 50% da receita da Schneider vem das soluções digitais preparadas para a internet das coisas.[15] Os melhores clientes da empresa obtêm agora 65% de eficiência energética, contra a média de 30% do total de empresas.[16] Do mesmo modo, a Fidelity expandiu seu conjunto selecionado de ofertas de parceiros para gerar valor exclusivo e complementar com base no profundo conhecimento da clientela. Por exemplo, para quem quer mandar um filho para a universidade, a Fidelity combina produtos próprios, como os fundos mútuos, com os produtos de parceiros, como refinanciamento do crédito educativo por meio da Credible.[17]

Para estimular o pensamento em domínios e não em setores, a Figura 6-2 mostra o percentual de empresas de vários setores que participam do domínio de casa própria dos clientes. A noção básica é que atuar com sucesso num domínio do cliente exige integrar ofertas de vários setores. O vencedor pode vir de qualquer setor participante e ser até uma empresa digital desde o nascimento, projetada para servir a um domínio do cliente.

A Shopify é um exemplo de empresa configurada em torno de um domínio do cliente e não de um setor.[18] Tobi Lütke, CEO da Shopify, decidiu criar uma loja *on-line* de *snowboard* e criou o *software* de comércio eletrônico para sustentá-la. No processo, ele percebeu que o *software* em si seria um empreendimento mais promissor. A visão da Shopify é enganosamente simples: dar suporte a toda a jornada *on-line* do varejista —

128 TI – TECNOLOGIA DA INFORMAÇÃO: Empresa Pronta para o Futuro

6-2 Os domínios podem incluir muitos setores

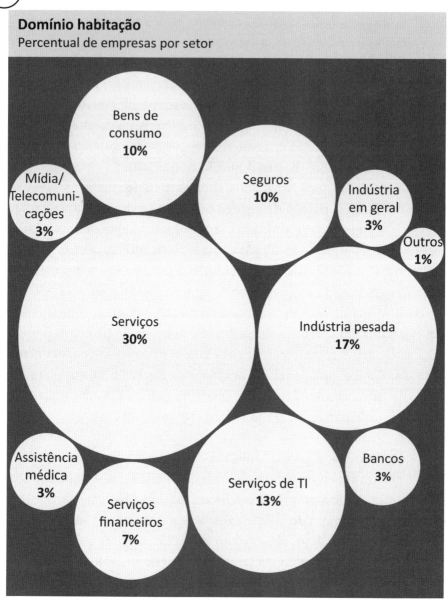

Fonte: MIT CISR 2019 Top Management Teams and Transformation Survey (N = 1.311). Pediu-se aos entrevistados que escolhessem um domínio principal para sua empresa. Os domínios se baseiam em dados coletados pela pesquisa MIT CISR 2017 Ecosystem Survey (N = 158) e em dez das doze categorias McKinsey descritas em "Competing in a World of Sectors without Borders", de Venkat Atluri, Miklos Dietz e Nicolaus Henke, em *McKinsey Quarterly*, 12 de julho de 2017 (conteúdo digital e serviços públicos foram omitidos). Os setores se baseiam nas categorias do NAICS.

construir a marca, criar presença *on-line*, abrir uma loja, vender, fazer o marketing, administrar e aprender a gerenciar uma pequena empresa ou a contratar a ajuda de uma agência ou autônomo verificado por meio do Shopify Experts Marketplace. Para se tornar o destino preferido, a Shopify faz parceria com desenvolvedores, designers, profissionais de marketing, armazéns, empresas de pagamento e outras. Conforme a empresa acrescenta funcionalidades à plataforma e aumenta sua participação nos serviços de comércio eletrônico, o mesmo acontece com o acesso aos dados do nível das transações que a Shopify pode analisar para identificar outras necessidades dos clientes. Atualmente, a empresa tem uma participação de 10,3% das vendas de varejo do comércio eletrônico nos Estados Unidos, superada apenas pela Amazon. Mais de um milhão de comerciantes, como Walmart, Heinz e Heineken usam a Shopify, o que alimenta uma taxa de crescimento anual composta de 41%.[19]

Como a nova unidade vai funcionar?

Ter sucesso na transformação do caminho 4 exige, desde o primeiro dia, foco no valor vindo de clientes, operações e ecossistemas. Isso significa que a transformação do caminho 4 precisa já começar na velocidade máxima e criar grande parte do valor no início.

Para capacitar o sucesso rápido, os líderes de transformação digital precisam tomar muitas decisões sobre como a nova unidade vai operar. Como implantar a marca da nova unidade, como obter recursos, como administrar? A nova unidade usará serviços oferecidos pela empresa-mãe, como RH, jurídico, TI, marketing e até alguns produtos existentes? Visará aos clientes existentes da empresa ou buscará uma nova faixa, como a geração Y ou as pequenas empresas? Quais são as principais funcionalidades novas que é preciso criar? Finalmente, a nova unidade será uma empresa separada, uma unidade de negócios da empresa, uma *joint venture* ou algum outro modelo? Isso leva à última pergunta.

O que você fará se a nova unidade tiver sucesso?

As iniciativas do caminho 4 são projetadas para melhorar a experiência do cliente e a eficiência operacional com mais rapidez do que na unidade-mãe.

130 TI – TECNOLOGIA DA INFORMAÇÃO: Empresa Pronta para o Futuro

O descompasso entre a experiência do cliente e a eficiência operacional, drasticamente melhores na nova unidade do que na unidade-mãe, acaba criando o dilema de como integrar os dois negócios (e culturas e sistemas) mais adiante. Se tiver sucesso, a unidade do caminho 4 deve continuar funcionando separadamente e, talvez, canibalizar aos poucos a empresa principal? Os clientes da empresa tradicional devem ser transferidos para a nova unidade de negócio? Ou o novo negócio deve se separar para sobreviver por conta própria? É uma decisão difícil de tomar antes da criação da unidade, mas vale a pena pensar nela. Eis a seguir algumas opções que vimos na prática.

- Transferir com o tempo os clientes da empresa para a nova unidade ou vice-versa. O ING, por exemplo, teve muito sucesso ao lançar o ING Direct em 1989; depois, em 2017, mudou a marca para ING e o integrou à empresa principal.
- Administrar a nova unidade como uma empresa separada. Exemplos: Climate FieldView, TradeLens, Nequi.
- Separar a nova unidade com a venda ou a abertura de capital. Como o Domain, por exemplo.

A transformação do caminho 4 é mais do que um projeto de inovação; é um investimento substancial em como a empresa ganhará dinheiro no futuro.

Avanço no caminho 4: TradeLens e Domain

Vejamos agora com mais detalhes duas transformações do caminho 4. A Maersk, uma das maiores empresas de logística e transporte global, desenvolveu a TradeLens, uma plataforma bem-sucedida, com a IBM como parceira estratégica, para criar valor no transporte global por facilitar o compartilhamento de informações e a remoção da ineficiência. A Fairfax Media desenvolveu a Domain para ajudar os clientes a gerenciar toda a jornada dos imóveis. Finalmente, ela teve seu capital aberto e criou um novo valor substancial (para a Fairfax e outros) e hoje funciona como empresa com ações negociadas em bolsa.

TradeLens: transformar o compartilhamento de dados do setor global de transporte de cargas

A A. P. Moller-Maersk (Maersk) é uma empresa de logística e transporte global de cargas que opera em 130 países. Durante a pandemia de covid-19, sua receita cresceu de forma substancial para 62 bilhões de dólares em 2021.[20] Em 2017, a Maersk começou sua transformação de empresa de navegação oceânica porto a porto para empresa de logística integrada. A meta da iniciativa digital — a GTD (*global trade digitization*, digitalização do comércio global) — era criar valor ao solucionar a ineficiência das empresas de transporte marítimo e a de seus clientes (como embarcadores e expedidores), o compartilhamento de documentos comerciais e informações sobre os eventos da cadeia de suprimentos com o uso de *blockchain*. O setor de transporte marítimo é muito fragmentado e caracterizado por alto custo e complexidade, disputas, ineficiência e atrasos, risco de fraude, incerteza elevada e preocupação com a segurança dos dados — um ambiente difícil, principalmente para os participantes menores.[21]

Alguns desafios vêm do fato de o setor ter muitíssimos participantes e inúmeras soluções ponto a ponto. Esses setores complexos são uma ótima oportunidade para soluções com ecossistemas — um destino preferido — que controlem para o cliente todas as informações sobre os contêineres etc.[22] A Maersk e a IBM criaram uma plataforma baseada em *blockchain* com uma camada de API para os participantes do ecossistema — uma bela solução tecnológica para o problema, pois permitiria a todos ver a mesma informação com rapidez e removeria possíveis desigualdades e erros dos vários sistemas com os mesmos dados.

Criar um destino preferido exige muitas experiências e alterações. A mudança dos direitos de decisão e a cirurgia organizacional são as principais explosões desse esforço muito bem-sucedido no caminho 4. A Maersk e sua parceira estratégica IBM desenvolveram a plataforma em colaboração e lançaram uma solução comercial chamada TradeLens em dezembro de 2018. Algumas empresas tiveram medo de entrar na plataforma e compartilhar dados valiosos com a concorrência. A Maersk criou uma nova unidade, a subsidiária GTD Solution Inc. — e os dois parceiros lançaram a solução em *blockchain* (com âncoras de confiança e a arquitetura de canais) para atenuar essa preocupação.

132 TI – TECNOLOGIA DA INFORMAÇÃO: Empresa Pronta para o Futuro

A GTD Solution Inc. mantém a parceria estratégica com a IBM por meio da equipe de colaboração da TradeLens, e as duas empresas tomam decisões conjuntas sobre o desenvolvimento da plataforma e do ecossistema. Posicionada como plataforma neutra, a TradeLens vem crescendo depressa. Em março de 2021, a empresa tinha trezentos participantes no ecossistema (eram 175 em 2020) e cobria mais de 50% do volume de contêineres do transporte marítimo global.[23] Até março de 2022, mais de mil participantes haviam entrado na plataforma, que representam mais de dois terços do transporte marítimo global.[24]

A plataforma TradeLens se concentrou em criar os três tipos de valor desde o princípio, com prioridades diferentes. A primeira prioridade é criar novo valor com as operações e digitalizar os eventos e os documentos comerciais. A proposta de valor para os parceiros entrarem no ecossistema é a eficiência operacional por meio da visibilidade maior dos eventos e da redução do custo com o acesso aos conhecimentos de carga digitais, oferecidos pela solução eBL (*electronic bill of lading*, conhecimento de carga eletrônico) da TradeLens. A empresa acompanha a captura de valor líquido, que inclui benefícios diretos e indiretos, como redução da exigência de capital de giro e mais conformidade com a regulamentação. Um resultado importante até agora é a criação de 120 dólares de valor líquido por conhecimento de carga emitido, o que inclui os benefícios diretos e indiretos do acesso fácil às informações dos contêineres.

A segunda prioridade é capturar mais valor com os clientes por meio de parcerias. O número de clientes e o uso da TradeLens estão aumentando. A plataforma tinha cem clientes em novembro de 2020 com suas três ofertas digitais — a oferta central e dois aplicativos ligados ao conhecimento de carga (o eBL e outro para negociadores financeiros). Em dezembro de 2020, Søren Skou, CEO da Maersk, disse: "Ano que vem, veremos o crescimento real da receita da TradeLens. [O empreendimento] segue para a nova fase em que temos realmente algo para vender."[25] A plataforma também capacita os novos clientes, especialmente as empresas menores, a entrar no comércio internacional.[26]

A grande oportunidade é tornar-se o destino preferido das empresas de transporte marítimo. Em 2020, a TradeLens atingiu um grande marco: cinco das maiores empresas do setor entraram na plataforma.[27] Esses parceiros fortes podem influenciar suas redes e aumentar o ecossistema. Ao mesmo tempo, a GTD Solution Inc. começou a parceria com empresas de *software* para transporte terrestre. As próximas metas da subsidiária são atingir massa crítica de bancos de financiamento comercial e autoridades alfandegárias no ecossistema da TradeLens e desenvolver um mercado com terceiros.

Para criar valor com a TradeLens, a GTD Solution desenvolveu sua mentalidade de plataforma, um diferencial importantíssimo, ao definir e conectar três camadas: produtos, plataforma e ecossistema.

- **Produtos** – O requisito mais importante para começar esse empreendimento foi o caso de negócio para criar ofertas comercialmente viáveis. A TradeLens começou com alguns aplicativos específicos e vendia acesso a eventos digitalizados e documentos comerciais. Isso criava valor para a Maersk e seus clientes. A GTD Solution Inc. concentrou-se em criar o conjunto central de funcionalidades e capacitar a inovação.

- **Plataforma** – A TradeLens buscou oferecer os melhores dados, tecnologia e suporte, com API abertas (em vez de intercâmbio eletrônico de dados), *blockchain* e a estrutura de permissão de acesso para ter segurança, transparência e suporte à integração com sistemas legados.

- **Ecossistema** – O sucesso do ecossistema da TradeLens dependia do aumento da rede. A GTD Solution se concentra em oferecer um novo modelo do setor com foco de ponta a ponta, enquanto outras plataformas têm alcance limitado. As atividades incluíram o acréscimo de parceiros fortes que ajudam a fazer a rede crescer (como as empresas de transporte oceânico), a criação de um conselho consultivo de clientes e a colaboração para a criação de padrões do setor.

A TradeLens se tornou um sucesso extraordinário em curtíssimo tempo. Com cerca da metade do transporte global de contêineres acompanhada atualmente pela empresa, ela acrescenta aos poucos às suas ofertas serviços complementares importantes, como financiamento comercial. Conforme

134 TI – TECNOLOGIA DA INFORMAÇÃO: Empresa Pronta para o Futuro

o ecossistema da TradeLens se aproxima da massa crítica, o potencial de aumentar o valor capturado nos ecossistemas será elevado.

Domain: tornar-se o destino preferido da jornada da habitação

O Domain Group é uma empresa australiana de serviços de mídia e tecnologia para imóveis com um portfólio de marcas.[28] A partir do fim da década de 1990, como subsidiária da Fairfax Media (um conglomerado de mídia) para classificados de imóveis, impressos e na internet, a Domain, empresa inicial (e hoje marca) do Domain Group, tornou-se o destino preferido para informar, inspirar e conectar consumidores e corretores em todo o ciclo de vida do imóvel, com ofertas de empréstimos, seguros e fornecimento de serviços públicos feitas por parceiros.

A Domain foi criada para ser o destino preferido de compradores e corretores. Essa empresa do caminho 4 identificou cinco passos da jornada da habitação: sonhar, procurar, comprar, mudar e o pós-mudança, que definem o domínio do cliente, com serviços a cada passo. Por exemplo, na etapa da compra, a Domain fez parceria com 35 financeiras para ser um lugar único de contratação de hipoteca. Nessa etapa, ela também oferecia seguro do imóvel e de seu conteúdo. A Domain teve muito sucesso e, em um mês, atingiu 9,6 milhões de australianos numa população total de 25 milhões.[29]

Em novembro de 2017, o Domain Group se tornou uma empresa de capital aberto com ações na bolsa de valores australiana e criou 0,75 bilhão de dólares australianos (US$ 0,5 bilhão) em valor novo para o principal acionista, a Fairfax Media, no dia do lançamento das ações. Essa separação é uma estratégia atraente para empresas-mães que tiveram sucesso no caminho 4, embora não fosse essa a meta inicial da Fairfax Media.

Robyn Elliott, ex-diretor de informática da Fairfax Media, explica: "Não decidimos imediatamente que [a Domain] seria separada. O que decidimos é que tinha de ser separável. Do ponto de vista da tecnologia, é bom criar opções estratégicas; não é bom que a tecnologia emperre a estratégia".[30]

A transformação digital da Domain começou em 2012. Como uma das muitas subsidiárias da Fairfax Media, era considerada uma extensão do negócio editorial da Fairfax para o mercado de anúncios classificados. Ou seja, ela enfrentava os mesmos imperativos de corte de gastos e eficiência operacional do resto da empresa, que sofria com a queda da receita do setor de mídia.

Embora a base de clientes aumentasse lentamente e compensasse a queda da receita editorial, a Domain também estava atrás da Real Estate Australia (REA), líder do setor. Manter-se competitiva exigiria um investimento significativo, principalmente em infraestrutura tecnológica. O comitê gestor decidiu que a Domain deveria operar como entidade separada para acelerar seu desenvolvimento e aumentar sua flexibilidade. Como as vendas e a cultura dos clientes da Domain diferiam basicamente da cultura editorial da empresa-mãe, criar uma unidade separada fazia mais sentido.

A jornada de transformação da Domain começou com três tipos de explosão organizacional quase simultâneos — direitos de decisão, cirurgia organizacional e novos modos de trabalhar (ver na Figura 6-3 um resumo de como a Domain lidou com as explosões).

A reestruturação corporativa transformou a Domain numa divisão separada da Fairfax Media, ao lado de outras como a Australian Publishing Media, a Digital Ventures e a Fairfax Radio. A nova divisão tinha equipe executiva própria, com um CEO empreendedor e um diretor de tecnologia recém-contratados. Juntos, eles negociaram os direitos de decisão locais, principalmente para a infraestrutura tecnológica. A intenção era a Domain seguir uma estratégia própria, embora ainda oferecesse o benefício da escala e aproveitasse as funcionalidades centralizadas relevantes da empresa-mãe.

A arquitetura baseada na nuvem da Fairfax Media fez com que o custo fosse variável e permitiu a renovação flexível da tecnologia. Em vez de utilizar consultores externos, a Domain recorreu à competência de *back office* da Fairfax Media, como RH e auditoria interna. Para adotar novos modos de trabalhar, a Domain aproveitou intensamente sua cultura voltada às vendas. Em poucos meses, a unidade de duzentos funcionários vivia e respirava ciclos de vida de produtos digitais e levava ao mercado novos recursos, usando abordagens de testar e aprender. O diretor dedicado à experiência dos funcionários da Domain se concentrou em promover hábitos de trabalho voltados para progresso e inovação. Nos cinco anos seguintes,

6-3 Como a Domain lidou com as explosões

Direitos de decisão
- Nomeou uma equipe executiva separada, com CEO e CTO recém-contratados.
- Negociou a capacidade de tomar decisões locais sobre estratégia, tecnologia e escala.

Novos modos de trabalhar
- Promoveu uma cultura de vendas divergente da herança de conteúdo editorial da empresa-mãe.
- Implementou abordagens de testar e aprender para sustentar o ciclo de vida rápido dos produtos digitais.
- Tratou como ativo estratégico os dados de como os consumidores interagem com os produtos.

Mentalidade de plataforma
- Concentrou-se no ecossistema mais amplo em toda a jornada dos imóveis.
- Replataformou uma solução centrada em dispositivos móveis, com microsserviços para reduzir o custo unitário e incentivar parcerias *plug and play*.

Cirurgia organizacional
- Foi criada como divisão separada para acelerar o desenvolvimento, com acesso à competência dos sistemas corporativos de *back office*.
- Foi projetada para ser separável da empresa-mãe, mas não necessariamente separada.
- Finalmente, separou-se da empresa-mãe e abriu o capital na bolsa de valores australiana.

Fonte: entrevistas com executivos da empresa; documentos da empresa.

esses novos modos de trabalhar aumentaram rapidamente as vendas, o desenvolvimento de produtos e as equipes de tecnologia para cerca de 850 funcionários.

Com a estratégia correta, a estrutura, os acordos, o financiamento, os processos e os hábitos de trabalho, a Domain pôde se concentrar em seu maior preferencial: a mentalidade de plataforma. A princípio, a meta era desenvolver para os clientes uma solução inovadora e centrada em dispositivos móveis que servisse de destino preferido para possíveis compradores e corretores de imóveis. No entanto, quando entendeu melhor a base de clientes (isto é, os compradores e corretores), a Domain se concentrou na criação de um ecossistema mais amplo para o domínio do cliente habitacional: toda a jornada da propriedade, do sonho da casa à mudança e à pós-mudança. Para isso, refez a plataforma com tecnologias mais leves e criadas especificamente para aproveitar os microsserviços. Além de reduzir a base de custos da unidade, essa abordagem também tem mais flexibilidade, permitiu que os parceiros do ecossistema se ligassem de imediato à plataforma da Domain e deu incentivo motivacional às equipes de desenvolvimento para fazerem experiências com parceiros e clientes e criar novas soluções. A empresa fez algumas aquisições, desenvolveu parcerias no ecossistema e ficou sempre atenta a novos parceiros. Durante cerca de sete anos, a Domain se transformou de subsidiária de anúncios classificados a destino preferido de quase dez milhões de clientes no domínio da casa própria.

Em que os líderes deveriam se concentrar

Comandar uma transformação bem-sucedida pelo caminho 4 exige acertar o equilíbrio. É preciso o fervor e o ímpeto da *startup* que oferece aos clientes uma solução geralmente concentrada num domínio e não num setor tradicional. Tipicamente, é um jogo disruptivo que cria rapidamente uma oferta, obtém a aceitação do cliente, desenvolve a solução com o tempo e traz parceiros com produtos e serviços complementares. Em geral, a empresa-mãe tem restrições à produção de casos de negócio, obedece a requisitos de governança e passa por muitas camadas de aprovação e coordenação que retardam tudo. Mas também há muitos benefícios de pertencer a uma empresa grande, como acesso a clientes, dados, recursos e serviços como RH e tecnologia.

Para ter sucesso nesse caminho, os líderes precisam administrar três explosões desde o primeiro dia: novos modos de trabalhar, cirurgia/reprojeto organizacional e esclarecimento dos direitos de decisão (veja a Figura 6-4). Então, é preciso aprender com os vencedores do ecossistema tecnológico e desenvolver a mentalidade de plataforma. As plataformas não serão perfeitas e precisarão ser reconstruídas, mas é a mentalidade de plataforma que faz a grande diferença. Nas transformações bem-sucedidas do caminho 4, é muito frequente as empresas olharem além de seus líderes atuais para escolher o CEO da nova unidade. É preciso alguém que já tenha criado esse tipo de negócio e esteja ansioso para fazer de novo e desenvolver uma nova cultura nascida pronta para o futuro. A conexão com a empresa-mãe pode ocorrer por meio de outros integrantes da equipe administrativa.

Nas iniciativas do caminho 4, também é importante pensar desde cedo no modo de capturar valor com as três fontes: operações, clientes e ecossistemas. A necessidade e a capacidade de obter valor de várias fontes ao mesmo tempo são uma grande diferença entre as unidades digitais mais novas e as empresas estabelecidas. Os painéis de métricas são importantíssimos no caminho 4, pois haverá muitas correções de curso em termos de criar e capturar valor, e, em geral, a equipe é pequena e pode fazer essas mudanças com relativa rapidez.

Neste capítulo, assim como nos três capítulos anteriores, discutimos como liderar a transformação em cada um dos quatro caminhos para a empresa ficar pronta para o futuro. No Capítulo 7, nos concentramos nas questões de liderança necessárias para o sucesso da transformação promo-

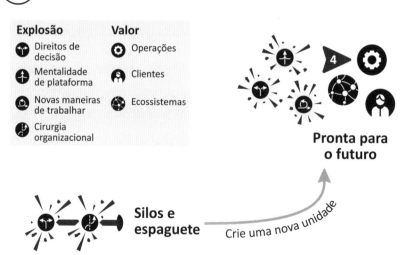

6-4 Caminho 4: no que os líderes devem se concentrar

Fonte: A ordem postulada das ações resulta da nossa pesquisa qualitativa. Testamos a hipótese de que os direitos de decisão eram a explosão para prever e administrar usando, primeiro, as equações de regressão hierárquica e os dados da MIT CISR 2019 Top Management Teams and Transformation Survey (N = 1.311).

vida de forma digital em todos os caminhos, em como envolver o conselho e a equipe da alta administração e discutimos a gestão e a coordenação de vários caminhos ao mesmo tempo.

Itens de ação do Capítulo 6

As três primeiras ações são comuns a todas as transformações.

1. Comunique hoje (e todos os dias) que sua empresa está se concentrando numa transformação do caminho 4 para ficar Pronta para o futuro. Pinte o quadro de como será trabalhar na empresa no futuro e articule os passos do caminho para ajudar o pessoal a entender o papel de cada um.

2. Colete as primeiras histórias de sucesso e as distribua amplamente, dentro e fora da empresa. São esses primeiros indicadores de sucesso que mantêm a motivação elevada, promovem a dedicação e o progresso e impedem o impacto dos céticos.

3. Crie um plano para controlar as explosões.

4. Identifique de ponta a ponta a jornada típica de seu cliente e pense em como reduzir o atrito — até ter um destino único para os clientes, como vimos na TradeLens e na Domain.

5. Como parte do plano de comunicação da empresa para prosseguir no caminho 4, destaque o problema específico que a nova unidade vai resolver para os clientes e as mudanças no trabalho e na tecnologia necessárias para criar a solução.

6. Decida a liderança da nova unidade; talvez seja preciso procurar fora da empresa para obter a especialização em *startups* necessária para criar uma unidade nova.

7. Faça parcerias digitais para reduzir o tempo de lançamento e aumentar a receita com mais rapidez.[31]

8. Prepare-se para dirimir conflitos entre a nova unidade e a empresa existente. O investimento na nova unidade pode ser maior do que na empresa existente, e ela vai trabalhar de um

140 TI – TECNOLOGIA DA INFORMAÇÃO: Empresa Pronta para o Futuro

modo novo com sistemas prontos para o futuro. Pode haver atrito entre os funcionários e as unidades.

9. Trabalhe na sua estratégia inicial para a unidade do caminho 4.

10. Identifique e acompanhe as métricas do acúmulo de valor do ecossistema.

11. Reveja as abordagens adotadas pela TradeLens e pela Domain para identificar boas ideias que possam ser ajustadas para se alinhar à cultura de sua empresa.

Capítulo 7

Lidere a transformação

Este livro explica como a empresa pode ficar pronta para o futuro. As empresas prontas para o futuro são adaptáveis, obtêm sucesso em quase qualquer ambiente e superam os concorrentes no crescimento e na margem de lucro. O alto desempenho vem de seguir um ou mais dos quatro caminhos e da criação de quatro funcionalidades prontas para o futuro — que você encontrou nos casos e resumiremos neste capítulo. Além disso, as empresas prontas para o futuro acumulam três tipos de valor: o dos clientes, o das operações e o dos ecossistemas. Neste último capítulo, nos concentramos no papel dos líderes para deixar a empresa pronta para o futuro. Os líderes têm de estabelecer o propósito, transmitir a mensagem e dar a todos os interessados — funcionários, clientes, investidores, reguladores e outros — a confiança de que a empresa vai conseguir e de que todos vão prosperar. Essa confiança é a essência do sucesso de qualquer transformação.

Equipes da alta administração

Primeiro, vamos falar da compreensão e da linguagem comum que as equipes da alta administração precisam desenvolver para competir com sucesso na economia digital. Há pouca dúvida de que o futuro dos negócios é digital. Uma equipe da alta administração (EAA) que entenda o papel digital do sucesso da empresa faz enorme diferença. Nossa pesquisa no MIT CISR mostra que as grandes empresas cujas equipes executivas têm essa compreensão — a chamada inteligência digital — superaram as outras empresas em mais de 48% com base no crescimento da receita e da avaliação.[1] E as empresas cujas EAA estavam no quartil superior da inteligência digital mostraram-se muito mais avançadas na transformação (69% concluídos) quando comparadas a empresas com EAA no quartil inferior (30% concluídos). Assim que a EAA começa a desenvolver a inteligência digital, é preciso haver compromisso de tempo. A transformação digital bem-sucedida exigirá perseverança de toda a EAA (assim como do resto da empresa). Por exemplo, as EAA das empresas que chegaram ao quartil final de percentual concluído da transformação passaram 60% do tempo nessa transformação, o que é uma dedicação imensa. Como nos disse Pascal Tricoire, presidente do conselho e CEO da Schneider Electric, empresa que oferece gestão energética e automação industrial, "quando todas as empresas se tornam digitais, todos os executivos precisam assumir a transformação digital em termos pessoais. A última coisa que se quer na equipe é a crença de que o meio digital é um problema dos outros".[2]

Propusemos vários itens de ação para as EAA de todas as empresas que buscam o sucesso na transformação e querem ter o desempenho máximo na Era Digital.

1. Ter uma conversa franca sobre o percentual da EAA que tem inteligência digital.[3] Essa é uma grande oportunidade para o CEO, o diretor de RH e o CIO colaborarem para instruir a EAA.

2. Faça da transformação digital o maior compromisso da EAA e sustente esse compromisso com investimento de tempo e alocação de recursos ao caminho escolhido. Garanta que a EAA transmita o compromisso e sirva de modelo ao resto da empresa.

3. Envolva o resto da empresa nessa empolgante jornada digital. Ofereça-lhe oportunidades de formação, trabalho em novas áreas e novas colaborações e prepare-se para transmitir lições e histórias de sucesso aprendidas com o que deu certo.

O papel do conselho administrativo

O conselho tem um papel fundamental no sucesso da transformação digital da empresa. Seus integrantes tendem a ser mais velhos e experientes, com menos probabilidade de serem nativos digitais. Mas em geral aprendem depressa e entendem a necessidade de ficar a par dos riscos e oportunidades do meio digital. O conselho administrativo não liderará a transformação, mas os mais competentes fazem parte da transformação e incentivam a mudança, fazem perguntas pertinentes à EAA e oferecem estímulo, recursos e supervisão. Agora resumiremos o que aprendemos sobre o papel do conselho administrativo na transformação bem-sucedida.[4]

Avaliar o risco de não aproveitar a oportunidade em relação ao risco da mudança

O meio digital muda tudo — e ter no conselho membros com experiência em negócios digitais é um novo diferencial de desempenho financeiro. Mas a maioria dos conselhos não tem essa experiência. Como os executivos e o presidente do conselho podem promover o desenvolvimento nessa área?

O conselho precisa ajudar a supervisionar e conduzir a empresa na transformação para estar pronta para o futuro. É preciso entender quando a empresa deve se dedicar a uma linha de ação, experimentar alternativas, fazer parcerias para obter acesso a recursos e conhecimentos fundamentais, além de conhecer os indicadores precoces do sucesso e das dificuldades nas iniciativas digitais que atuam na escala da empresa. Essas habilidades são fundamentais para os conselhos no papel que talvez seja o mais importante no meio digital: fazer as perguntas certas à equipe administrativa que propõe e executa a transformação.

O conselho não pode depender apenas de um membro que tenha essa compreensão. Constatamos que somente as empresas com três ou mais integrantes do conselho com esse tipo de entendimento do meio digital tiveram desempenho superior.

Para ajudar os conselhos a gerenciar a discussão e a pauta em torno do meio digital e das transformações, desenvolvemos um arcabouço das principais áreas que o conselho deve abordar: estratégia, supervisão e defesa.

- **Estratégia** — Identificar oportunidades e ameaças ao modelo de negócio da empresa a partir do meio digital e como a empresa terá sucesso no futuro.

- **Supervisão** — Garantir que os principais gastos com transformações, projetos e tecnologia digitais sejam sensatos e pertinentes

144 TI – TECNOLOGIA DA INFORMAÇÃO: Empresa Pronta para o Futuro

- **Defesa** — Proteger a empresa de riscos cibernéticos e outros, assim como de quedas do sistema, e assegurar a privacidade e a conformidade dos dados.

Para abordar com eficácia cada uma das áreas, os conselhos ou, mais tipicamente, seus presidentes precisam criar a pauta e o engajamento dos membros para ter o tempo e os recursos necessários.

Principal Financial Group: criação do foco digital no conselho administrativo

O Principal Financial Group ajuda pessoas, empresas e instituições do mundo inteiro a "ter o suficiente, poupar o suficiente e proteger o suficiente" para o futuro financeiro, com soluções de aposentadoria, seguros e gestão de patrimônio. O Principal tem mais de 34 milhões de clientes e 807 bilhões em patrimônio administrado.[5]

As estratégias digitais de negócio se tornaram um tópico rotineiro do conselho administrativo do Principal há quase uma década. O CEO e o conselho encarregaram o CIO de liderar a estratégia da empresa para promover a capacitação tecnológica na estratégia de negócio.

Ajudar o conselho a obter aptidão digital (e assim ser capaz de entender os problemas e fazer a supervisão necessária da transformação) exige combinar a criação de pautas, a linguagem em comum, a formação, a elaboração do problema e as estruturas formais.

CRIAÇÃO DA PAUTA E LINGUAGEM COMUM

Desde que o conselho do Principal começou a buscar estratégias digitais de negócio, a pauta inclui tópicos sobre tecnologia e apresentações e discussões sobre estratégia, supervisão e defesa. Gary Scholten, então CIO do Principal, estimou que pouco mais de 50% dos tópicos relacionados à tecnologia estavam ligados à área de estratégia, com cerca de 15% ligados à supervisão e 35% à defesa.

Os tópicos ligados à estratégia envolviam as consequências estratégicas da tecnologia e das demonstrações tecnológicas, da educação dos integrantes do conselho e do financiamento. Entre os tópicos de supervisão estavam o exame da alocação orçamentária e o progresso dos projetos de transformação. Os tópicos de defesa incluíam as atualizações de cibersegurança, com métricas, monitoramento e tendências.

Com mais de 50% da pauta tecnológica dedicados a questões estratégicas, o foco do conselho do Principal é claro: como o meio digital pode ajudar o grupo a ter um desempenho ainda melhor na próxima década. Alinhar-se a uma arquitetura e a uma linguagem comum para discutir e priorizar as estratégias digitais é fundamental para impedir que os integrantes do conselho falem de coisas diferentes pensando que falam da mesma coisa.

O Principal adotou, usou e reusou alguns arcabouços básicos que tornam as discussões muito mais produtivas e eficientes. O arcabouço usado é menos importante do que escolher um que faça sentido para a empresa e que seja reusado e se torne a base das decisões e do acompanhamento.

INSTRUÇÃO E ELABORAÇÃO DO PROBLEMA

É fundamental instruir os integrantes do conselho administrativo e do comitê executivo sobre o meio digital de um modo envolvente e não ameaçador. Além de levar os que têm menos experiência digital ao mesmo nível básico, a instrução ajuda a orientar os integrantes para modelos mentais em comum para aplicar as funcionalidades digitais à empresa e supervisionar a transformação.

Nas sessões educativas, o grupo Principal utilizou especialistas externos, empreendedores de tecnologia financeira e especialistas internos em dados e tecnologia. O CEO e o CIO organizaram viagens de imersão digital para o comitê executivo para facilitar a compreensão de todos de como é a concorrência com empresas digitais nativas. Além do valor criado com a discussão pelo comitê executivo de suas estratégias digitais, as sessões subsequentes para transmitir as informações ao conselho administrativo resultaram na conquista da confiança de que a equipe executiva está bem preparada para lidar com as mudanças drásticas que a transformação digital traz ao setor.

ESTRUTURAS FORMAIS E TOMADA DE DECISÃO

Em 2015, o Principal formou um comitê de estratégia digital composto por executivos de negócios, os CIO das divisões e o CMO, presidido pelo

146 TI – TECNOLOGIA DA INFORMAÇÃO: Empresa Pronta para o Futuro

CIO geral da empresa. Esse comitê, responsável pela criação de um arcabouço comum para desenvolver estratégias de negócios digitais, determina onde concentrar a aplicação das estratégias: nas divisões de negócios ou na empresa.

Conforme avança rapidamente para a Era Digital, os conselhos administrativos têm de adaptar sua importante contribuição à empresa. Os conselhos contribuem para o sucesso da transformação digital de negócios quando apoiam a equipe da alta administração, levam a empresa a considerar o risco de passividade dos modelos de negócio e supervisionam o sucesso da transformação. Muitos integrantes do conselho não têm histórico digital, mas a maioria que conhecemos estava muito motivada a aprender e mudar. Ajudar esses integrantes do conselho é responsabilidade tanto do presidente e do CEO quanto de todos os funcionários da empresa — e vale a pena.

O que os líderes têm de acertar

Assim que tiver compreensão profunda das oportunidades competitivas digitais e o compromisso em comum de dedicar seu tempo à transformação, a EAA pode começar. Para ajudar os líderes a estabelecer prioridades na jornada para o futuro, resumimos no Capítulo 1 o que é preciso acertar (veja a Figura 7-1). Nos Capítulos 2 a 6, descrevemos os quatro caminhos e as explosões. Neste capítulo, nos concentramos na criação e na captura de valor e no papel dos líderes.

Eis as ações dos líderes para garantir o sucesso da jornada e ficar prontos para o futuro.

- Motivar com um propósito forte.
- Comprometer-se com um (ou mais) caminho.
- Prever as explosões.
- Criar funcionalidades.
- Acumular valor.

Vamos mergulhar em cada ação.

7-1 Sua jornada para estar pronto para o futuro

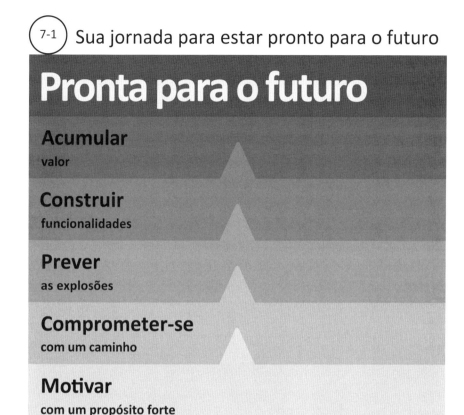

Motivar com um propósito forte

Para ser significativo e repercutir junto aos interessados, o propósito da empresa tem de ser o motor de qualquer transformação. Além de guiar a personalização da versão da empresa pronta para o futuro, o propósito também ajuda o pessoal a fazer avaliações e negociar compensações pelo caminho. As decisões tomadas ajudam a atingir o propósito? Essa é uma ótima pergunta para os líderes, principalmente em épocas de incerteza. Conheça a seguir o propósito de algumas empresas que admiramos.

- **Standard Bank Group** (maior banco da África): "A África é nosso lar e promovemos seu crescimento."[6] Esse propósito une os funcionários do banco em vinte países africanos. Em oficinas e outros ambientes, é comum perguntarem aos funcionários como a decisão que estão discutindo ajuda a cumprir o propósito. Esse propósito contribuiu para a visão atual do Standard Bank de, ao mesmo tempo, "bancar o ecossistema" e "ser o motor do ecossistema" nas áreas-alvo como saúde, mercado, corretores, imóveis e educação.

- **Cochlear** (líder global de soluções auditivas implantáveis): "Ajudamos a ouvir e ser ouvido."[7] O impulso da Cochlear para criar novo valor com o aprimoramento da relação direta com o usuário e o atendimento ao ecossistema de candidatos, usuários, clínicas, encaminhadores e participantes foi guiado por esse propósito.

- **Schneider Electric** (empresa de soluções digitais para energia e automação que se concentra na eficiência e na sustentabilidade): "Capacitar todos a aproveitar ao máximo a energia e os recursos", apelidado de "A vida está ligada".[8] Esse propósito ajudou a promover novos modelos de negócio baseados na sustentabilidade da eletrificação e na eficiência da digitalização e levou a Schneider a ser classificada como a grande empresa mais sustentável do mundo em 2021.[9]

- **Tetra Pak** (empresa global de soluções de embalagem e processamento de alimentos): "Estamos comprometidos com tornar a comida segura e disponível em qualquer lugar."[10] Esse propósito ajudou a promover a transformação da Tetra Pak, primeiro ao se concentrar em criar valor com as operações, depois com os clientes e, mais recentemente, com os ecossistemas.

- **DBS** (banco de Cingapura que opera na Ásia): "Tornar o banco alegre."[11] Esse propósito motivou a transformação do DBS para ser o "principal banco do mundo" e ir de último a primeiro em experiência do cliente num período de cerca de dez anos.

- **TradeLens** (empresa da Maersk que desenvolve uma plataforma global de transporte de cargas): "Digitalizar a cadeia de suprimentos global."[12] Esse propósito levou a TradeLens a melhorar a experiência comercial de todos os envolvidos usando melhor compartilhamento de informações, aumento da transparência e simplificação e automatização de processos.

- **Principal Financial Group** (empresa de serviços financeiros dos Estados Unidos que oferece soluções para aposentadoria, seguros e gestão de patrimônio): "Dar as ferramentas, recursos e informações financeiras de que você precisa para ter uma vida melhor".[13] Esse propósito guiou o esforço do Principal para incorporar o meio digital às estratégias para ajudar pessoas, empresas e instituições a gerenciar seus ativos financeiros.

- **CarMax** (maior varejista de carros usados dos Estados Unidos e disruptor do setor automotivo): "Promover a integridade sendo honesto e transparente em todas as interações."[14] Esse propósito está por trás de todas as iniciativas da CarMax para transformar a experiência de comprar um carro usado.

Em sua empresa, você tem um propósito tão atraente assim que ajude a guiar as decisões?

Comprometa-se com um caminho

Para avançar dos Silos e espaguete até estar pronta para o futuro, cada empresa tem de escolher seu caminho (ou caminhos). Não ser explícito sobre o caminho a seguir causa resultados muito frustrantes. Uma das oficinas mais memoráveis que realizamos foi com uma empresa grande de capital aberto. Mostramos o arcabouço ao CEO e às doze pessoas da equipe da alta administração. Pedimos a todos os participantes que identificassem em que caminho estavam e, aproximadamente, até onde tinham avançado rumo à conclusão. Assim que os dados da pesquisa apareceram na tela, houve um gemido audível dos participantes. Entre os treze, havia sete respostas diferentes! Eles citaram praticamente todas as combinações de caminhos como abordagem seguida pela empresa — com muita variação no percentual de conclusão. O que se seguiu foi uma conversa muito útil, mas robusta, sobre como as várias partes da empresa seguiam caminhos diferentes e não coordenados. Na pergunta seguinte, indagamos que caminho(s) a empresa deveria seguir, e o resultado foi muito mais coerente. Nem todos deram a mesma resposta, mas o resultado foi mais focado. Depois de mais discussão, todos concordaram que a empresa deveria seguir o caminho 3, com o acréscimo de uma iniciativa do caminho 4: um ecossistema que funcionasse como unidade separada.

150 TI – TECNOLOGIA DA INFORMAÇÃO: Empresa Pronta para o Futuro

Para reforçar essa questão da escolha e da dedicação a um caminho, vamos examinar o resultado que discutimos no Capítulo 2, Figura 2-2. As empresas que escolheram vários caminhos bem coordenados tinham, em média, 59% da transformação concluídos em relação ao que foi proposto pelo conselho. Mas as empresas em vários caminhos não coordenados só tinham 30% concluídos. É fácil ver por quê. Empresas em vários caminhos não coordenados trabalham com propósitos cruzados, vivem reinventando a roda e não aprendem eficazmente uns com os outros nem reúsam as funcionalidades que construíram. Além disso e mais importante, em geral confundem o cliente com múltiplas ofertas (não integradas) e dificultam o apoio dos funcionários a toda essa complexidade. Não é fácil obter concordância sobre os caminhos, e escolher vários deles para a transformação torna ainda mais desafiadora a gestão da transformação.

Se sua empresa precisa se dedicar a uma transformação que envolve vários caminhos, pense nos estudos de caso que descrevemos no livro. Qual deles o atrai? Examine o que foi feito e veja o que pode aprender.

Prever as explosões

Uma das perguntas mais comuns que nos fazem é como mudar a cultura para apoiar a transformação e deixar a empresa pronta para o futuro. Há muita literatura boa (e não tão boa) sobre mudança de cultura, e, como estudantes de empresas, gostamos de lê-la. Mas quando colaboramos com as empresas que pensam na sua cultura, nosso conselho é pragmático. Não tente mudar a cultura explicitamente; essa é uma realização política, complicada, de longo prazo e com muitas camadas. Obter concordância na descrição da cultura existente e depois projetar a cultura futura é uma ótima atividade para a EAA, mas mudar a cultura é difícil como objetivo isolado. Em vez disso, recomendamos que você se concentre na gestão das quatro explosões. A mudança da cultura acontece quando as pessoas mudam o modo de pensar e de trabalhar — mudam seus hábitos. Se gerenciar com eficácia as quatro explosões, você mudará a cultura das áreas designadas para a transformação. E essa mudança de cultura reforçará a transformação.

Eis um rápido resumo das quatro explosões. Enquanto lê, comece a pensar em como você administra atualmente as explosões. No Capítulo 2, oferecemos uma avaliação e testes para você medir sua eficácia.

- **Direitos de decisão:** essa explosão visa fazer as pessoas certas tomarem as principais decisões. Entre essas decisões, é preciso esclarecer quem decide o que fazer e como fazer, como priorizar os gastos em investimento digital, determinar que grupo(s) da empresa podem fazer novas ofertas digitais aos clientes e concordar com as decisões a serem tomadas pelos grupos que fazem o serviço (ou seja, avaliar com que nível de risco assumido pelas equipes sua empresa se sente à vontade).

- **Novos modos de trabalhar:** o meio digital possibilita novos modos de trabalhar, com metodologias ágeis, decisões tomadas com base em evidências e a criação de produtos mínimos viáveis oferecidos aos clientes para testar e aprender. Os novos modos de trabalhar mudam os hábitos coletivos de trabalho e ajudam a transformar a cultura.

- **Mentalidade de plataforma:** a empresa com mentalidade de plataforma cria e reúsa as plataformas que transformam suas joias da coroa em serviços digitais, conecta os silos organizacionais, compartilha os dados e padroniza os processos.

- **Cirurgia organizacional:** na maioria das transformações, há o momento em que os líderes percebem que o modo que a empresa se organiza não é o melhor para suas aspirações. Nessa hora, a empresa faz algum tipo de cirurgia organizacional, em geral para integrar os silos e aumentar a colaboração em toda a empresa e assim obter uma experiência melhor do cliente e operações mais eficientes.

Sugerimos que você reexamine os estudos de caso da Tetra Pak, da Cemex, da KPN e da Domain nos Capítulos 3 a 6. Lá, há ótimas ideias para administrar as explosões e detalhes motivadores sobre o que deu certo.

Criar funcionalidades

Uma aspiração importante e de grande alcance é criar dez funcionalidades prontas para o futuro na empresa toda, inclusive no conselho administrativo, na equipe da alta administração e em todo o resto. Essas funcionalidades

152 TI – TECNOLOGIA DA INFORMAÇÃO: Empresa Pronta para o Futuro

ajudam a empresa a ficar pronta para o futuro e a manter a vantagem competitiva. Não é uma iniciativa única e isolada, mas um esforço contínuo que exige liderança, propósito, meta, métricas, orçamento, abordagens novas e perseverança.

No Capítulo 1, apresentamos as funcionalidades prontas para o futuro. São elas que fazem a transformação acontecer e permitem acumular novo valor digital. Para nós, essas funcionalidades são o COMO a empresa criará valor. Concentrar-se em construir essas dez funcionalidades é a melhor e mais sucinta receita que conhecemos para tornar uma empresa pronta para o futuro e aumentar seu desempenho financeiro.[15] Organizamos as dez funcionalidades pelo tipo de valor digital para o qual são mais importantes, além das quatro funcionalidades que são básicas e comuns a todos os tipos de valor.

Funcionalidades prontas para o futuro para criar valor com as operações

TORNAR-SE MODULAR, ABERTA E ÁGIL

A empresa pronta para o futuro cria serviços digitalizados e modulares para otimizar as operações e projetar e criar novas ofertas. Para inovar continuamente com baixo custo, as empresas têm de aproveitar o que as torna grandes — suas joias da coroa — e transformá-las em serviços modulares e digitalizados. Então esses serviços podem ser combinados e recombinados, como pecinhas de LEGO, para formar muitas ofertas digitais vendidas e entregues por canais diretos e por parceiros.

BUSCAR A AMBIDESTERIDADE

Para ter sucesso nas próximas décadas, as empresas têm de inovar para engajar e encantar os clientes e, ao mesmo tempo, reduzir o custo com tecnologias prontamente disponíveis — como a computação na nuvem e as interfaces de programação de aplicativos (API), em geral combinadas a abordagens ágeis de testar e aprender. Por um lado, as empresas reduzem incansavelmente o custo a cada ano. Por outro, inovam constantemente e encontram maneiras novas e melhores de fazer tudo. As empresas prontas para o futuro criam um ritmo de reduzir custos e inovar que as prepara para o melhor desempenho.

Funcionalidades prontas para o futuro para criar valor com os clientes

OFERECER AO CLIENTE UMA ÓTIMA EXPERIÊNCIA MULTIPRODUTO

Para encantar os clientes continuamente, as empresas prontas para o futuro integram seus muitos produtos num multiproduto sem emendas, em geral uma experiência multicanal que reflete a jornada típica do cliente. Os clientes obtêm uma ótima experiência no canal que escolheram, seja ele qual for, e a empresa se esforça para satisfazer a necessidade do cliente e não impor a venda de produtos. Isso exige remover ou, pelo menos, esconder os silos de produtos e a geografia que existe em muitas empresas.

SER MOVIDO PELO PROPÓSITO

Cada vez mais, os líderes, clientes, funcionários, investidores e parceiros exigem que as empresas tenham um forte propósito para existir além da maximização da riqueza dos acionistas. Vimos um exemplo desse poder em "a África é o nosso lar e promovemos seu crescimento", o propósito do Standard Bank Group que cria unidade dentro e fora do banco. Criar para a empresa um propósito que una as pessoas, lhe dê uma razão importante para existir e incentive a excelência é uma estrela-guia maravilhosa para o sucesso da jornada rumo ao futuro.

Funcionalidades prontas para o futuro para criar valor com os ecossistemas

COMANDAR OU PARTICIPAR DE ECOSSISTEMAS

As empresas prontas para o futuro também estão prontas para o ecossistema, quer comandem, quer participem dele, e trabalham digitalmente com grande variedade de parceiros. As empresas que lideram ecossistemas — nós as chamamos de motores do ecossistema — criam um destino preferido pelos clientes e parceiros, com outras empresas que oferecem grande variedade de produtos selecionados. As empresas que participam de ecossistemas — nós as chamamos de produtores modulares — oferecem produtos digitalizados que se ligam facilmente a esses ecossistemas. Descobrimos que as empresas que operam em ecossistemas crescem mais depressa e são mais lucrativas.[16]

154 TI – TECNOLOGIA DA INFORMAÇÃO: Empresa Pronta para o Futuro

BUSCAR PARCERIAS DINÂMICAS (E DIGITAIS)

Na Era Digital, as empresas que mais crescem fazem parcerias digitais para aumentar o seu alcance e escala. Fazem parcerias com algumas empresas para atingir novos clientes e com outras para ampliar a gama de produtos oferecidos aos clientes existentes. Essa não é a parceria tradicional, estratégica e exclusiva criada em processos intimamente integrados. Na verdade, boa parte das parcerias digitais é automatizada e sem emendas, realizada por meio de API, em geral baseadas no compartilhamento de dados, transações e *insights* entre computadores.[17] Amazon, PayPal e Climate são mestres em parcerias digitais para alimentar o crescimento.

Funcionalidades básicas prontas para o futuro para criar valor

TRATAR OS DADOS COMO ATIVO ESTRATÉGICO

Opinamos há anos que os dados estão se tornando um ativo estratégico — uma fonte única da verdade, sustentada por um conjunto ético de funcionalidades para a monetização dos dados, acessível e usada para tomar decisões com base em evidências. As empresas prontas para o futuro chegam mais perto desse nirvana porque, continuamente, padronizam, limpam, simplificam e aprendem a monetizar seus dados com a melhora de processos internos, o aprimoramento de produtos com o uso de dados para novos recursos e experiências e/ou a venda de dados.[18]

DESENVOLVER E RETER OS TALENTOS CERTOS

Deixar a força de trabalho pronta para o futuro exige que os líderes equipem o pessoal com a tecnologia necessária e lhe deem a responsabilidade e as funcionalidades (habilidades e cultura de colaboração) para aproveitar plenamente essas ferramentas. Enquanto adotam métodos ágeis, análise de dados, robótica, IA e outras tecnologias e abordagens digitais, o que as empresas exigem dos funcionários está mudando. Embora seja importante assegurar que os funcionários tenham as habilidades certas para sua função, é igualmente importante capacitar a força de trabalho para trabalhar em colaboração para resolver problemas complexos.[19] O BBVA, grupo financeiro global com sede em Madri, é um exemplo de empresa que une explicitamente o desenvolvimento e a retenção de talentos à meta de estar pronto para o futuro. Em fevereiro de 2014, o BBVA criou uma subsidiária, a BBVA Data & Analytics (D&A). Os líderes da empresa logo perceberam que as técnicas e funções analíticas da D&A poderiam (1) gerar grande valor financeiro com o aprimoramento interno das operações e (2) ser usadas para criar recursos novos e significativos e experiências do cliente para seus produtos digitais, fundamentais para a iniciativa de transformação do banco. A estratégia do BBVA de cultivar os talentos contemporâneos em ciência dos dados combinou recrutamento, programas internos de desenvolvimento e a iniciativa de reequipamento.[20]

VINCULAR OS COMPORTAMENTOS INDIVIDUAIS E DE EQUIPE ÀS METAS DA EMPRESA

Uma das características distintivas das empresas prontas para o futuro é passarem do estilo de liderança de ordenar e controlar para o de treinar e comunicar, guiando os funcionários com responsabilização em vez de lhes dizer o que fazer. A vinculação explícita do comportamento individual e da equipe às metas da empresa também ajuda os funcionários a tomar decisões. Muitas empresas, como o DBS, conseguem isso fazendo a vinculação por meio de painéis de métricas com novos indicadores-chave de desempenho (KPI) e modelos de incentivo. O DBS reduziu o foco nos KPI tradicionais (como crescimento sustentável e banco preferido) no boletim do grupo e acrescentou 20% para "tornar o banco alegre" para clientes e funcionários. Um dos KPI era a receita por cliente digital, e o boletim do grupo explicava a cada funcionário como contribuir.[21]

FACILITAR O APRENDIZADO RÁPIDO EM TODA A EMPRESA

Dado que, por definição, o futuro é incerto, estar pronto para o futuro exige aprendizado e adaptação rápidos. As empresas existentes aprendem com as nativas digitais e adotam mais modos digitais de trabalhar, com a criação de equipes ágeis multifuncionais, abordagens de testar e aprender, decisões tomadas com base em evidências e construção de plataformas em vez de Silos e espaguete. Com novos modos iterativos de trabalhar, as empresas prontas para o futuro examinam atentamente as ideias, desenvolvem oportunidades para identificar o valor, trabalham para criar valor e depois ampliam o aprendizado para toda a empresa.[22] Elas criam o novo valor combinando o aprendizado rápido com os pontos fortes tradicionais, como a grande base de clientes, os dados extraordinários e pessoas que conhecem o setor e os processos de negócio mais importantes.

A diferença de eficácia das dez funcionalidades entre as empresas que estão em Silos e espaguete – ou seja, as empresas que enfrentam uma estrutura complexa de tecnologia, processos e dados, tipicamente voltadas para o produto e não para o cliente – e as que fizeram a jornada para se preparar para o futuro são gritantes (veja a Figura 7-2). Conforme sua empresa avança pelo(s) caminho(s) da transformação, tenha em mente a necessidade de criar e reforçar essas funcionalidades. Elas são fundamentais para sua empresa capturar valor. Por que não começar agora? Dê uma olhada nos itens da Figura 7-2, identifique os pontos fortes e fracos de sua empresa e, talvez, escolha os três principais para se concentrar neles.

Acumular valor

Já abordamos todos os componentes da Figura 7-1, menos acumular e acompanhar o valor. Pensamos no acúmulo de valor como o QUÊ da transformação digital. Neste livro, descrevemos três tipos de valor que as empresas capturam como parte de sua transformação.[23]

- Valor das operações — este valor vem do aumento da eficiência, da redução de custo e do aumento da rapidez e do reúso.

- Valor dos clientes — este valor vem de encantar os clientes e se reflete na geração de mais receita por cliente, inclusive mais receita de ofertas novas, e no aumento da aderência do cliente.

- Valor dos ecossistemas — sua empresa obtém este valor quando aumenta a receita vinda dos ecossistemas, dos parceiros e da coleta de dados do ecossistema.

Conforme avançam pelo caminho para estar prontas para o futuro, as empresas capturam os três tipos de valor.

Em que se concentrar primeiro

Uma das tarefas mais importantes durante a transformação da empresa para ficar pronta para o futuro é acumular e acompanhar o valor no decorrer do tempo. Para começar, identificamos em que área os líderes precisam se concentrar primeiro em cada um dos quatro caminhos em relação à

Percentual de eficácia das funcionalidades prontas para o futuro

	Empresas de Silos e espaguete	Empresas Prontas para o Futuro
Funcionalidades operacionais		
Tornar-se modular, aberta e ágil	43%	80%
Buscar a ambidesteridade — Reduzir custos E inovar	43%	80%
Funcionalidades do cliente		
Oferecer uma ótima experiência multiproduto	45%	85%
Ser movida pelo propósito	58%	80%
Funcionalidades do ecossistema		
Comandar ou participar de ecossistemas	45%	80%
Buscar parcerias dinâmicas (e digitais)	48%	85%
Funcionalidades básicas		
Tratar os dados como ativo estratégico	43%	83%
Desenvolver e reter os talentos certos	43%	80%
Vincular os comportamentos individuais e da equipe às metas da empresa	45%	78%
Facilitar o aprendizado rápido em toda a empresa	38%	80%

Fonte: MIT CISR 2019 Top Management Teams and Transformation Survey (N = 1.311). As diferenças foram significativas no nível p < 0,05.

criação de valor e às quatro explosões (veja na Figura 7-3 a lista da explosão e do tipo de valor em que se concentrar primeiro em cada caminho). O foco é importantíssimo quando há muitas peças em movimento.

158 TI – TECNOLOGIA DA INFORMAÇÃO: Empresa Pronta para o Futuro

7-3 Foco(s) inicial(is) em cada caminho

Caminho	Explosão		Valor	
Caminho 1	Direitos de decisão	Mentalidade de plataforma	Operações	
Caminho 2	Direitos de decisão	Novos modos de trabalhar	Clientes	
Caminho 3	Direitos de decisão		Clientes / Operações	
Caminho 4	Direitos de decisão	Cirurgia organizacional	Ecossistemas	

Fonte: A ordem postulada das ações resulta de nossa pesquisa qualitativa. Testamos nossa hipótese de que os direitos de decisão eram a primeira explosão a prever e administrar por meio das equações de regressão hierárquica e dos dados da MIT CISR 2019 Top Management Teams and Transformation Survey (N = 1.311).

Em todos os caminhos, a primeira explosão a se concentrar são os direitos de decisão: identificar quem toma as decisões básicas e depois cobrar essas pessoas. Mudar os direitos de decisão para um punhado de decisões básicas, como quem decide como é gasto o investimento em tecnologia e prepara a empresa para avançar pelo caminho escolhido.

No caminho 1, o foco nos direitos de decisão é seguido pela criação da mentalidade de plataforma. O valor das operações é o primeiro foco do caminho 1. No caminho 2, depois dos direitos de decisão, os novos modos de trabalhar são a próxima explosão importante em que se concentrar. O valor dos clientes é o primeiro foco. No caminho 3, distribuir os direitos de decisão é ainda mais importante. Ir e vir entre a experiência do cliente e a eficiência operacional provoca uma forte tensão sobre os direitos de decisão e essa é a explosão mais importante para acertar e se ajustar com o passar do tempo. Enquanto avança pelos degraus do caminho 3, criar novo valor com os clientes e com as operações é igualmente importante desde o princípio. No caminho 4, a explosão mais importante depois dos direitos de decisão é a cirurgia organizacional, porque se cria uma empresa nativa digital que não depende dos silos organizacionais existentes e pode operar com muita agilidade. Uma das decisões mais importantes é o que será usado ou não da empresa-mãe. É claro que o valor das operações e dos clientes é importante, mas, em geral, o primeiro foco em quase todas as unidades do caminho 4 é criar valor com os ecossistemas — especificamente, fazer parcerias com outras empresas para atrair sem atrito os clientes e os produtos e serviços complementares.

Registre sua transformação no painel de métricas

Numa atividade tão incerta quanto transformar digitalmente uma grande empresa, saber onde está é tão importante quanto saber aonde se quer ir. Saber onde está exige dois tipos importantes de medida de valor: (1) eficácia na criação das funcionalidades que as empresas prontas para o futuro precisam ter para prosperar na Era Digital (o COMO) e (2) indicadores do sucesso da transformação (o QUÊ), como avanço e captura de valor. A ferramenta mais eficaz que temos visto as empresas usarem para saber onde estão são os painéis de métricas em tempo real.

Na nossa análise de mais de mil empresas, as mais eficazes nos painéis de métricas também se mostraram melhores na maior parte das outras medições importantes, como inovação, crescimento e margem em relação ao setor (ver a Figura 7-4). O resultado fala por si e enfatiza por que terminamos o livro nos concentrando nos painéis de métricas. Há muitas razões para esses painéis serem tão eficazes, mas talvez a mais importante seja que, com eles, todos conseguem ver como está a empresa em relação às métricas escolhidas de comum acordo e trabalham juntos para corrigir o curso quando necessário.

Propomos que um painel de métricas eficaz monitore dois aspectos do valor digital:

- QUE valor é capturado, acompanhado no decorrer do tempo.
- COMO o valor é criado por meio do desenvolvimento de funcionalidades individuais e organizacionais prontas para o futuro.

A combinação de *que* e *como* na criação de valor com base digital impele a empresa a se tornar pronta para o futuro. A Schneider Electric acompanha esses aspectos num painel criado pela empresa chamado de Digital Flywheel (Volante Digital).

7-4 As empresas muito eficazes nos painéis de métricas têm desempenho superior

[1] A margem de lucro líquido/o crescimento da receita autoinformada correspondeu significativamente à margem de lucro líquido/ao crescimento da receita real, com p < 0,01. A margem de lucro líquido e o crescimento da receita são comparados por setor e a média é truncada em 5% para remover os pontos fora da curva.

Fonte: MIT CISR 2019 Top Management Teams and Transformation Survey (N = 1.311).

A Schneider Electric acompanha a criação de valor com seu Digital Flywheel

A Schneider Electric SE é uma empresa com receita de 28,9 bilhões de euros que oferece soluções digitais para a gestão energética e a automação industrial.[24] Na última década, a Schneider Electric se transformou de vendedora de produtos ligados à energia a líder digital na prestação de serviços de eficiência energética.

Para a Schneider Electric e seus clientes, a combinação de sustentabilidade da eletrificação com os ganhos de eficiência sustentados pela digitalização oferece ótimo potencial de criação de novo valor. Para implementar essa estratégia, a Schneider criou o EcoStruxure, um sistema *plug and play* de internet das coisas para o engajamento dos clientes que oferece eficiência energética como serviço para uso em prédios, fábricas, centros de dados etc. O sistema EcoStruxure traduz os dados em informações práticas por coletar e analisar os dados estruturados (de sensores) e não estruturados (dos logs do pessoal de manutenção) no conjunto de produtos Schneider Electric no local do cliente. Isso produz um conjunto de instruções em tempo real que o sistema envia de volta ao local do cliente. O EcoStruxure e outras funcionalidades permitiram à Schneider Electric passar da venda de produtos para a venda de mais serviços e *software*. Essas soluções digitais podem fazer grande diferença no local do cliente. Por exemplo, as empresas que usam as soluções de eficiência energética da Schneider Electric relatam uma redução de 30% no consumo de energia.

Obter esse tipo de transformação numa grande empresa exige uma iniciativa para todos entenderem as metas, as métricas e a lógica de negócios da empresa e como tudo isso se encaixa. Para a Schneider Electric, o Digital Flywheel permitiu essa orientação e se tornou uma ferramenta que ajuda a promover a transformação.

Primeiro, a Schneider Electric apresentou seu painel de métricas como um "barômetro digital" que media *que* valor era criado com o meio digital. Logo, os principais líderes perceberam que era preciso algo adicional — a lógica de negócio de *como* o valor, inclusive as vendas, seria criado — para ajudar os interessados internos e externos a entender por que as métricas específicas eram importantes. Isso levou à criação do Digital Flywheel, que descreve e acompanha como o valor é criado de modo digital. O Digital Flywheel tem quatro componentes básicos que representam as quatro partes do sistema EcoStruxure, veja a seguir.

- **Produtos conectáveis:** todos os sistemas e dispositivos relativos à energia de um prédio, como os sistemas de calefação, refrigeração, ventilação e termostatos. Esses produtos fornecem dados para análise e recebem instruções para agir.

- **Controle de ponta:** camada de soluções de *software* e monitoramento que dá às empresas a capacidade de coordenar e gerenciar os produtos conectáveis.

- **Digital e *software*:** uma camada de inteligência e *software* que realiza análises e gera painéis de eficiência energética em tempo real. Além dos produtos conectáveis da Schneider, o *software* também administra produtos físicos complementares e de concorrentes. A análise dos dados gerados pelos produtos identifica as necessidades e oportunidades adicionais.

- **Serviços de campo:** equipes que implementam os produtos e serviços da Schneider.

No Digital Flywheel, a Schneider Electric captura e acompanha o desempenho financeiro dos quatro componentes em termos individuais e combinados. Igualmente importante é que ele mostra como os quatro componentes funcionam juntos para produzir mais valor e vendas para a empresa — e aumentam o valor para os clientes, em geral medido como melhora da eficiência energética. A receita total da empresa gerada pelo EcoStruxure cresceu de um percentual muito pequeno logo após a estreia em 2016 para 50% em 2021[25] — uma realização líder no setor e ilustração tangível da passagem da Schneider Electric da venda principalmente de produtos para a venda de produtos e serviços.[26]

Faça um painel de métricas eficaz em cinco lições

O uso do Digital Flywheel pela Schneider Electric mudou a gestão da empresa. Examinamos o desenvolvimento da empresa e o uso do Flywheel e encontramos as cinco lições explicadas a seguir.

1. **Combinar o quê com o como.** Ao criar o Digital Flywheel, a Schneider Electric precisou de várias rodadas de iteração para chegar à versão eficaz. O que torna o Digital Flywheel atraente é o modo de combinar o que a empresa deveria medir com a lógica de negócio de como o valor é criado.

2. **Persistir.** Leva tempo para que uma empresa adote e use um painel de métricas. A Schneider Electric, como a maioria das empresas que os usam com sucesso, passou por fases de resistência do pessoal. Finalmente, os executivos da empresa chegaram a um acordo sobre as definições e as métricas em comum para os motores do sucesso comercial. Quando se chega a esse acordo, as pessoas podem usar o painel de métricas como ferramenta da equipe para entender como o seu grupo funciona e se conecta com o desempenho dos outros grupos.

3. **Usar o painel de métricas para administrar a empresa.** Na Schneider Electric, o CEO Jean-Pascal Tricoire usa o Digital Flywheel nas revisões trimestrais com cada líder de negócios. Em geral, a conversa começa tratando do que deu certo e depois vai para as áreas que precisam de mais foco. O Digital Flywheel oferece uma linguagem comum para usar em toda a empresa, inclusive pelo conselho administrativo no subcomitê digital. Recentemente, o Digital Flywheel foi usado na apresentação de relação com os investidores da empresa para demonstrar como a parte digital e os serviços se combinam para criar uma proposta de visão atraente.

4. **Transmitir a toda a empresa o modo de usar o painel de métricas.** Fazer toda uma grande empresa usar com eficácia um painel de métricas exige comunicação ampla e constante. Para atingir os 135.000 funcionários, a Schneider Electric usa vários meios para transmitir a mensagem. Uma abordagem bem-sucedida foi um boletim mensal concentrado no Digital Flywheel. Uma edição recente tinha uma seção intitulada "Por trás dos dados do Flywheel", com uma entrevista com um alto executivo da empresa para explicar os diversos tipos de rotatividade e as ações que poderiam minimizá-la. A meta, além de promover o uso do Flywheel, era melhorar o desempenho da empresa nas métricas.

5. **Automatizar com funcionalidades detalhadas.** Conforme se aproximar do compartilhamento de dados em tempo real com funcionalidades adicionais para detalhar os segmentos de negócios e as operações, o painel de métricas ficará mais útil e eficaz nas decisões

164 TI – TECNOLOGIA DA INFORMAÇÃO: Empresa Pronta para o Futuro

da empresa e facilitará a correção de curso durante o avanço. Na Schneider Electric, boa parte dos dados é em tempo real, e o filtro do painel de métricas mostra a fonte dos dados examinados e a opção de detalhar por geografia, alcance de negócios etc.

Na criação dos painéis de métricas, como em muitas outras iniciativas digitais, a busca da perfeição é inimiga do progresso. Os dados não serão perfeitos nem terão concordância nas primeiras rodadas da criação do painel. Ainda mais difícil será mudar o hábito da empresa para usar um painel comum em vez dos números locais. Além disso, mudar o modo de fazer a revisão administrativa com painéis de métricas em tempo real exigirá tempo e reforço. Mas talvez o esforço mais difícil e importante seja articular a lógica de negócios que mostra como o valor é criado e capturado pela empresa. Incluir essa lógica de negócios no painel de métricas demonstra que os líderes realmente investiram tempo e experiência suficientes para entender como o meio digital criará novo valor para a empresa. As empresas que tiveram sucesso com os painéis de métricas começaram, em geral, usando a ferramenta para medir e corrigir o curso da transformação digital de negócios, mas eles acabaram se tornando o modo de administrar a empresa.

Crie seu painel de métricas

Nesta seção, apresentamos um *kit* inicial de painel de métricas. O nosso painel é pensado para oferecer uma leitura de modo que todos na empresa vejam como estão indo em relação às metas com medições de outras empresas para comparar. No painel, há três partes importantes.

- Acompanhar os três tipos de valor criados no decorrer do tempo (QUE valor é criado). Avaliar esse valor pode exigir investimento e iterações para obter resultados significativos.

- Avaliar as dez funcionalidades prontas para o futuro que promovem a criação de valor (COMO o valor é criado).

- Comparar os resultados de sua empresa com a média das empresas no mesmo estágio de transformação. Sua empresa está avançando adequadamente em relação às outras?

Criar o painel de métricas tem quatro passos. Sugerimos que você faça várias pessoas fornecerem dados e tire a média das respostas para obter uma pontuação para a empresa toda e também examine a variação entre as diversas partes da empresa. Prepare-se: concluir as partes desse painel é um desafio. Avaliar o valor (o QUÊ) exige profunda compreensão de como a empresa ganha dinheiro.

1. Determine quanto sua empresa avançou na transformação (Figura 7-5a). Oferecemos pontos de referência para três estágios da transformação.

2. Preencha a Figura 7-5b para avaliar sua eficácia na criação dos três tipos de valor (o QUÊ). Você terá três notas: valor das operações, valor dos clientes e valor dos ecossistemas.

3. Preencha a Figura 7-5c para avaliar a eficácia de suas dez funcionalidades prontas para o futuro (o COMO) numa escala percentual. Você terá quatro notas: funcionalidades operacionais, funcionalidades do cliente, funcionalidades do ecossistema e funcionalidades básicas.

4. Ponha suas notas na Figura 7-6, na coluna adequada para percentual concluído, e compare as respostas com a referência de mais de mil empresas do mundo inteiro. Onde você precisa se concentrar em relação à referência?[27] Você consegue articular a lógica de negócio por trás da criação e da captura de valor?

Vamos voltar ao exemplo do BankCo para examinar o uso do painel de métricas. As informações do BankCo vêm da avaliação feita pelos altos executivos do valor e das funcionalidades, elaborada numa oficina, e são consolidadas no painel de métricas com alguma interpretação da pesquisa (veja a Figura 7-7).

O BankCo está com 55% da transformação digital concluídos em vários caminhos — caminho 1 (60% do investimento), caminho 2 (30% do investimento) e caminho 4 (10% do investimento). Está abaixo da referência, tanto no valor de operações quando no de clientes, mas bem acima no valor do ecossistema. A causa provável é que a atenção, tanto do investimento quanto da administração, se concentra no jogo do ecossistema do

166 TI – TECNOLOGIA DA INFORMAÇÃO: Empresa Pronta para o Futuro

7-5) Avaliação do painel de métricas da transformação

Use essas notas para preencher o painel de métricas da transformação (Figura 7-6).

a Avanço da transformação

Até que ponto sua empresa avançou na transformação digital dos negócios (isto é, percentual concluído) com base no que foi proposto ao conselho administrativo ou ao CEO (Capítulo 2, Figura 2-5)?

%

b Que tipo de valor a empresa acumula?

Nota do valor das operações
(0% = muito pior do que a concorrência, 100% = muito melhor do que a concorrência)

Até que ponto o custo de operação da empresa é competitivo? %

Até que ponto a eficiência operacional da empresa é competitiva? % Média

Até que ponto a rapidez de lançamento no mercado da empresa é competitiva? %

%

Nota do valor dos clientes

Que percentual da receita da empresa vem das vendas cruzadas? %

Que percentual da receita da empresa vem de inovações adotadas nos últimos 3 anos? % Média

Qual é a eficácia da empresa na criação de aderência dos clientes? (0% = nada eficaz, 100% = extremamente eficaz) %

%

Nota do valor dos ecossistemas

Que percentual da receita da empresa vem da participação ou do comando de ecossistemas? %

Qual é a eficácia da empresa ao gerar receita com novas ofertas e novos parceiros no ecossistema? (0% = nada eficaz, 100% = extremamente eficaz) % Média

A que percentual dos dados do ecossistema sua empresa tem acesso? %

%

(continua)

7-5 Avaliação do painel de métricas da transformação

Use essas notas para preencher o painel de métricas da transformação (Figura 7-6).

c **Como sua empresa cria valor?**

Numa escala de 0% (nada eficaz) a 100% (extremamente eficaz), estime a eficácia da empresa ao atingir as funcionalidades declaradas. Depois, tire a média de cada conjunto de respostas para obter a nota percentual.

Nota das funcionalidades operacionais

Tornar-se modular, aberta e ágil.	%	} Média	%
Buscar a ambidesteridade (inovar e cortar custos ao mesmo tempo).	%		

Nota das funcionalidades do cliente

Oferecer ao cliente uma ótima experiência multiproduto.	%	} Média	%
Ser movida pelo propósito.	%		

Nota das funcionalidades do ecossistema

Comandar ou participar de ecossistemas.	%	} Média	%
Buscar parcerias dinâmicas (e digitais).	%		

Nota das funcionalidades básicas

Vincular os comportamentos individuais e da equipe às metas da empresa.	%	} Média	%
Facilitar o aprendizado rápido em toda a empresa.	%		
Tratar os dados como ativo estratégico (coletar, selecionar e monetizar).	%		
Desenvolver e reter os talentos certos.	%		

Fonte: Referências calculadas com base em MIT CISR 2019 Top Management Teams and Transformation Survey (N = 1.311).

168 TI – TECNOLOGIA DA INFORMAÇÃO: Empresa Pronta para o Futuro

(7-6) Painel de métricas da transformação de sua empresa

Percentual concluído da transformação	0-33%	34-67%	68-100%

Veja a % concluída de sua empresa em 7-5a na avaliação do painel de métricas de transformação. Insira aqui na coluna adequada. As referências da empresa estão nessa coluna.

Sua nota			

Valor percentual acumulado (de 7-5b)

Nota do valor das operações			
Sua nota			
Nota média	40%	54%	66%
Nota do valor dos clientes			
Sua nota			
Nota média	26%	43%	55%
Nota do valor dos ecossistemas			
Sua nota			
Nota média	28%	43%	69%

Eficácia das funcionalidades prontas para o futuro (de 7-5c)

Nota das funcionalidades operacionais			
Sua nota			
Nota média	33%	59%	71%
Nota das funcionalidades do cliente			
Sua nota			
Nota média	48%	65%	75%
Nota das funcionalidades do ecossistema			
Sua nota			
Nota média	40%	63%	74%
Nota das funcionalidades básicas			
Sua nota			
Nota média	38%	59%	71%

Fonte: Referências calculadas com base em MIT CISR 2019 Top Management Teams and Transformation Survey (N = 1.311). As empresas que concluíram 0% a 33% da transformação são 25% da amostra e, em média, têm 21% concluídos. As empresas que concluíram 34% a 67% da transformação são 44% da amostra e, em média, têm 51% concluídos. As empresas que concluíram 68% a 100% da transformação são 29% da amostra e, em média, têm 80% concluídos.

Lidere a transformação 169

 7-7 Painel de métricas da transformação do BankCo

Percentual concluído da transformação	0-33%	34-67%	68-100%

Veja a % concluída de sua empresa em 7-5a na avaliação do painel de métricas de transformação. Insira aqui na coluna adequada. As referências da empresa estão nessa coluna.

Nota do BankCo		55%	Caminhos múltiplos Caminho 1 (60% de foco) Caminho 2 (30% de foco) Caminho 4 (10% de foco)

Valor percentual acumulado (de 7-5b)

Nota do valor das operações

	0-33%	34-67%	68-100%
Nota do BankCo		48%	
Nota média	40%	54%	66%

Nota do valor dos clientes

	0-33%	34-67%	68-100%
Nota do BankCo		37%	
Nota média	26%	43%	55%

Nota do valor dos ecossistemas

	0-33%	34-67%	68-100%
Nota do BankCo		60%	
Nota média	28%	43%	69%

Eficácia das funcionalidades prontas para o futuro (de 7-5c)

Nota das funcionalidades operacionais

	0-33%	34-67%	68-100%
Nota do BankCo		75%	
Nota média	33%	59%	71%

Nota das funcionalidades do cliente

	0-33%	34-67%	68-100%
Nota do BankCo		69%	
Nota média	48%	65%	75%

Nota das funcionalidades do ecossistema

	0-33%	34-67%	68-100%
Nota do BankCo		80%	
Nota média	40%	63%	74%

Nota das funcionalidades básicas

	0-33%	34-67%	68-100%
Nota do BankCo		42%	
Nota média	38%	59%	71%

Fonte: O percentual concluído se baseia na média das respostas de cinco altos executivos. As avaliações de valor e funcionalidades se baseiam na interpretação da pesquisa. Referências calculadas com base em MIT CISR 2019 Top Management Teams and Transformation Survey (N = 1.311).

170 TI – TECNOLOGIA DA INFORMAÇÃO: Empresa Pronta para o Futuro

caminho 4, que está indo bem. O problema é que o atraso do valor das operações e do valor dos clientes causará tensão no esforço de transformação dos caminhos 1 e 2, que se concentram no banco existente, onde ocorrerão os grandes impactos, e esse esforço exige atenção imediata.

Para entender melhor os problemas enfrentados pelo BankCo, vamos dar uma olhada nas notas das funcionalidades prontas para o futuro. A nota da categoria de funcionalidades básicas está bem abaixo da referência. Ela precisa de atenção, e o BankCo deve examinar as quatro funcionalidades que formam a categoria básica para ver quais estão abaixo da referência.[28] Para o BankCo, os itens problemáticos foram o uso estratégico dos dados e o aprendizado rápido em toda a empresa. Faríamos as recomendações a seguir.

- Comemorar o sucesso do valor criado com os ecossistemas contando histórias de clientes e estudos de caso, interna e externamente, para criar entusiasmo.

- Usar o ímpeto das histórias de clientes para dar energia ao esforço de capturar valor dos caminhos 1 e 2. Aprofundar-se nas métricas desses caminhos para entender onde estão os desafios da captura de valor de operações e clientes.

- Investigar por que o nível acima da referência das funcionalidades prontas para o futuro de operações e clientes não se traduzem em captura de valor. Será uma percepção excessivamente otimista dos executivos na oficina? A governança ou o reúso de serviços e módulos digitais precisa de correções para aproveitar melhor as funcionalidades acima da média?

- Abordar a nota baixa das funcionalidades básicas: uso estratégico dos dados e aprendizado rápido em toda a empresa. Em geral, esse é um problema de direitos de decisão e mentalidade de plataforma, criado por direitos locais de decisão e incentivado por soluções tecnológicas locais sem mecanismo de compartilhamento na empresa toda.

Recomendamos que você faça essa avaliação de sua transformação de três em três meses e acompanhe as notas no decorrer do tempo com discussões em oficinas. O percentual individual de cada nota é muito menos importante do que a qualidade da conversa que as notas estimulam. Com o tempo, recomendamos que você substitua as medidas reais e perceptivas que oferecemos pelos dados verdadeiros em tempo real que sejam mais pertinentes ao seu COMO e ao seu QUÊ.

É possível estar Pronto para o Futuro?

Agora estamos no fim do livro e lhe desejamos todo o sucesso em sua transformação para estar pronto para o futuro. É uma jornada administrativa empolgante e compensadora, e mal podemos esperar para saber mais sobre seu sucesso e as lições aprendidas. Ainda temos uma pergunta importante: É realmente possível estar pronto para o futuro? Nossa resposta é simples: é! Mas o problema é que você só pode se tornar pronto para o futuro num determinado momento. As dez funcionalidades prontas para o futuro são a sustentação, mas é preciso continuar a desenvolvê-las. Em muitas análises que fizemos, comparamos uma empresa com as concorrentes, como você fez em sua autoavaliação. Como você, esses concorrentes melhoram com o tempo, e o padrão continua a subir. Recomendamos que você estabeleça um prazo para ficar pronto para o futuro (em relação aos concorrentes) e avalie o seu avanço com o tempo. Mas, assim que cumprir o prazo, o provável é que o ponto final tenha mudado de lugar e você precise repetir o processo todo com um novo prazo. E esse processo continuará... para sempre! Nós desejamos todo o sucesso na sua jornada para estar pronto para o futuro — para todo o sempre!

Itens de ação do Capítulo 7

1. Revise os itens de ação de todos os capítulos anteriores, pois eles expõem as principais decisões que precisam ser tomadas a cada momento.

2. Comece a educar o conselho administrativo e a equipe da alta administração para terem mais conhecimento digital. Traga

especialistas externos, faça demonstrações de tecnologia, recorra ao talento interno e experimente a mentoria reversa.

3. O modo como você lidera a empresa terá de mudar, principalmente se as pessoas mudarem a maneira de trabalhar. O estilo de ordenar e controlar não vai dar certo; será exigido da liderança que dê mais treinamento e se comunique mais.

4. Decida em quais funcionalidades prontas para o futuro trabalhar primeiro.

5. Explique à empresa inteira a lógica de negócio de QUE valor a transformação digital acumulará e COMO esse valor será criado. O seu painel de métricas deve mostrar essa lógica de negócio e usar dados em tempo real (como meta).

6. Mais do que tudo, o seu papel de líder é tornar a transformação significativa para todos na empresa e lhes dar a confiança de que vão conseguir. Você precisa incorporar o propósito da empresa às suas ações, contar histórias que expliquem por que a empresa está se transformando e ser um modelo visível de como quer que os funcionários mudem e ajam.

Notas

CAPÍTULO 1

1. Neste livro, usaremos "empresa" para representar todos os tipos de empreendimento. Em nossas aulas, pesquisas e oficinas, verificamos que o arcabouço é amplamente aplicável a empresas com fins lucrativos, organizações sem fins lucrativos e órgãos do governo.

2. Ver SEBASTIAN, I. M.; WEILL, P.; Woerner, S. L. Driving Growth in Digital Ecosystems. *MIT Sloan Management Review*, outono 2020 (reimpressão 62127). Disponível em: https://sloanreview.mit.edu/article/driving-growth--in-digital-ecosystems/.

3. Ver WEILL, P.; WOERNER, S. L.; SHAH, A. Does Your C-Suite Have Enough Digital Smarts?. *MIT Sloan Management Review*, primavera de 2021 (reimpressão 62320). Disponível em: https://sloanreview.mit.edu/article/does-your-c-suite-have-enough-digital-smarts/. Em 15 de dezembro de 2020, a Inspire Brands concluiu a aquisição da Dunkin' Brands. Hoje, Dunkin' e Baskin-Robbins operam como marcas distintas do portfólio da Inspire. Disponível em: https://www.dunkinbrands.com/firm/about/about-dunkin-brands.

4. Interface de programação de aplicativos (API) é um conjunto de funções e procedimentos que posibilita a criação de aplicativos que acessam os dados ou recursos de um serviço, sistema operacional ou outro aplicativo.

5. Vários projetos de pesquisa do MIT CISR servem, coletivamente, de base deste livro. Entre eles estão pesquisas do MIT CISR sobre caminhos de transformação digital, modelos de negócios, parcerias digitais, criação e captura

174 TI – TECNOLOGIA DA INFORMAÇÃO: Empresa Pronta para o Futuro

de valor, replataforma e domínios. Em 2015, entrevistamos 413 participantes (MIT CISR 2015 CIO Digital Disruption Survey) e, em 2016, tivemos mais de cinquenta conversas com executivos sobre suas metas para a transformação digital dos negócios. As análises e conversas nos ajudaram a criar os quadrantes da empresa pronta para o futuro. Em 2017, fizemos outra pesquisa para estudar os quatro caminhos (MIT CISR 2017 Digital Pathways Survey [N = 400]). Em 2018, fizemos quatro estudos de caso profundos de empresas (Tetra Pak, Cemex, KPN e Domain) para examinar sua transformação digital dos negócios, inclusive o caminho e as quatro explosões. Em cada empresa, realizamos entrevistas semiestruturadas com um ou mais integrantes da equipe executiva (em geral, o CIO ou equivalente) e um relatório direto em que lhes pedimos que contassem abertamente suas experiências na transformação digital dos negócios. Em 2019, fizemos uma pesquisa (MIT CISR 2019 TMT and Transformation Survey) com 1.311 participantes do mundo inteiro, com perguntas sobre a jornada da transformação digital dos negócios, como as explosões foram controladas e as ações dos líderes e mecanismos de negócios que facilitaram a transformação.

6. Média de receita autodeclarada depois de truncar a média em 5%.

7. Ver SIA, S. K.; WEILL, P.; ZHANG, N. Designing a Future-Ready Enterprise: The Digital Transformation of DBS Bank. *California Management Review*, mar. 2021); SIA, S. K.; WEILL, P.; XU, M. DBS: From the 'World's Best Bank' to Building the Future-Ready Enterprise. Nanyang Business School, dez. 2018 (Ref. Nº: ABCC-2019-001).

8. ROSS, J. W.; SEBASTIAN, I. M.; BEATH C.M. Digital Design: It's a Journey. *MIT Sloan CISR Research Briefing*, 26, nº 4, abr. 2016. Disponível em: https://cisr.mit.edu/publication/2016_0401_DigitalDesign_RossSebastianBeath.

9. WEILL, P; WOERNER, S. L. Dashboarding Pays Off. *MIT Sloan CISR Research Briefing*, n. 22, 1º jan. 2022. Disponível em: https://cisr.mit.edu/publication/2022 0101DashboardingWeillWoerner.

10. WEILL, P.; WOERNER, S. L. *What's Your Digital Business Model? Six Questions to Help You Build the Next-Generation EnterpriseI.* Boston: Harvard Business Review Press, 2018.

11. SEBASTIAN, I. M.; WEILL, P.; WOERNER, S. L. Three Strategies to Grow via Digital Partnering. *MIT Sloan CISR Research Briefing*, v. 20, n. 5,

maio 2020. Disponível em: https://cisr.mit.edu/publication/20200501Digi talPartneringStrategiesSebastianWeillWoerner.

12. Os produtores modulares são empresas que fornecem serviços de *plug and play* que se adaptam a vários ecossistemas. Em geral, essas empresas se baseiam em plataformas digitais com um conjunto de serviços baseados em API e são agnósticas em tecnologia. Veja mais detalhes em Weill e Woerner, *Qual o seu modelo digital de negócio?* (M.Books, 2019).

CAPÍTULO 2

1. WEILL, P.; WOERNER, S. L.; HARTE, M. Replatforming the enterprise. *MIT Sloan Center for Information Systems Research Briefing*, v. 20, n. 7, jul. 2020. Disponível em: https://cisr.mit.edu/publication/2020_0701_Replat forming_WeillWoernerHarte.

2. ROSS, J. W.; SEBASTIAN, I. M.; BEATH, C. M. Digital design: it's a journey. *MIT Sloan Center for Information Systems Research Briefing*, v. 26, n. 4, abr. 2016.

3. DANSKE BANK. *About us*. Disponível em: http://www.danskebank. com/en-uk/About-us/Pages/About-us.aspx. Acesso em: 6 set. 2012.

4. DANSKE BANK GROUP. *2019 Annual Report*. Copenhague: Danske Bank Group, 2019. Disponível em: https://danskebank.com/-/media/danske bank-com/file-cloud /2020/2/annual-report%202019.pdf?rev=ce58f68c871c4 51ab82c07640edbc51f&hash=091E45286122B94B1F719CEA4F23A799.

5. MobilePay. *About us*. Disponível em: https://www.mobilepay.dk/about-us#numbers. Acesso em: 2 abr. 2022.

6. WEILL, P.; WOERNER, S. L. Is your company ready for a digital future? *MIT Sloan Management Review*, v. 59, n. 2, 2018.

7. DANSKE BANK GROUP. *2020 Annual Report*. Copenhague: Danske Bank Group, 2020. Disponível em: https://danskebank.com/-/media/danske-bank-com/file-cloud/2021/2/annual-report-2020.pdf.

8. DANSKE BANK. *Interim report for the first nine months of 2020*. Danske Bank, 4 nov. 2020. Disponível em: https://danskebank.com/news-and-in sights/news-archive /press-releases/2020/pr04112020.

176 TI – TECNOLOGIA DA INFORMAÇÃO: Empresa Pronta para o Futuro

9. VAN DER MEULEN, N.; DERY, K. The employee experience of digital business transformation. *MIT Sloan Center for Information Systems Research Briefing*, v. 20, n. 1, jan. 2020. https://cisr.mit.edu/publication/2020_0101_PathwaysEX_MeulenDery.

10. O mBank tem 4,7 milhões de clientes de varejo na Polônia, quase um milhão de clientes na República Tcheca e na Eslováquia e mais de 28.000 clientes corporativos. Ver MBANK. *mBank in Numbers.* Disponível em: https://www.mbank.pl/en/about-us/about-mbank/. Acesso em: 2 abr. 2022.

11. INTERNATIONAL BANKER. mBank: Leading the New Wave of Innovation, Digitalization and Competitiveness in Polish Banking. *IB*, 9 mar. 2020. Disponível em: https://internationalbanker.com/banking/mbank-leading-the-new-wave-of-innovation-digitalisation-and-competitiveness-in-polish-banking/.

12. FONSTAD, N. O.; WOERNER, S. L.; WEILL, P. mBank: Creating the Digital Bank. *MIT Sloan CISR Research Briefing*, v. 15, n. 10, out. 2015. Disponível em: https://cisr.mit.edu/publication/2015_1001_mBank_FonstadWoernerWeill.

13. MBANK. *mBank Group in a Snapshot.* Disponível em: https://www.mbank.pl/pdf/relacje-inwestorskie/factsheet mbankgroupeng.pdf. Acesso em: 2 abr. 2022.

14. ANDREASYAN, T. *mBank Moves into Fintech Vendor Space with New Digital Banking System.* Disponível em: https://www.fintechfutures.com/2017/06/mbank-moves-into-fintech-vendor-space-with-new-digital-banking-system/. Acesso em: 26 jun. 2017.

15. Veja mais informações sobre as metas estratégicas do em "Growth Fueled by Our Clients — New Strategy for 2020-2023". Disponível em: https://www.mbank.pl/en/annual-report/2019/outlook/rosniemy-z-klientami-i-dzieki-nim-strategia-na-lata-2020-2023/. Acesso em 2 abr. 2022.

16. O *net promoter score* (NPS), ou pontuação líquida de promotor, é uma métrica de mercado muito usada para medir a experiência do cliente. Ver REICHHELD, F. F. The One Number You Need to Grow. *Harvard Business Review*, dez. 2003. Disponível em: https://hbr.org/2003/12/the-one-number-you-need-to-grow; NICE Satmetrix NPS Methodology, disponível em: https://www.satmetrix.com/holistic-voc-solution/nps-methodology.

17. BBVA Group. *BBVA Group First Quarter 2021*. Birmingham, Alabama: BBVA Compass, 2021. Disponível em: https://shareholdersandinvestors.bbva.com/wp-content/uploads/2021/05/1Q21-BBVA-Corporate-Presentation-pdf.

18. BBVA. *BBVA, Named Best Bank in Europe and Latin America for Innovation in Digital Banking*. Disponível em: https://www.bbva.com/en/bbva-named-best-bank-in-europe-and-latin-america-for-innovation-in-digital-banking/. Acesso em: 3 ago. 2020.

19. FONSTAD, N. O; SALONEN, J. Four Changes: How BBVA Generated Greater Strategic Value. *MIT Sloan CISR Working Paper*, n. 452, out. 2021. Disponível em: https://cisr.mit.edu/publication/MIT CISRwp452BBVA-SDA_FonstadSalonen.

20. ING Group. Transformation Update. *Investor Day 2019*, 25 mar. 2019. DIsponível em: https://www.ing.com/Investor-relations/Presentations/Investor-Day-presentations/2019/ING-Investor-Day-2019-Transformation-update.htm.

21. WEILL e WOERNER. Is Your Company Ready for a Digital Future?

22. ROSS, J. W.; WEILL, P.; ROBERTSON, D. C. *Enterprise Architecture as Strategy: Creating a Foundation for Business Execution*. Boston: Harvard Business School Press, 2006. p. 61-64.

23. ING Group. Transformation Update.

24. ING 2017 Annual Report. Disponível em: https://www.ing.com/Investor-relations/Financial-performance/Annual-reports.htm; *Scotiabank to Buying Bank of Canada for $3.1B*, 29 ago. 2012, disponível em: https://www.cbc.ca/news/business/scotiabank-to-buy-ing-bank-of-canada-for-3-1b-1.1160516; ING Direct to Become "Capital One 360", but Promises to Remain the Same, 7 nov. 2012. Disponível em: https://www.americanbanker.com/news/ing-direct-to-become-capital-one-360; ING to Selling Direct UK to Barclays. Comunicação à imprensa em 9 out. 2012. Disponível em: https://www.ing.com/Newsroom/News/Press-releases/PROld/ING-to-sell-ING-Direct-UK-to-Barclays.htm.

25. Sugerimos funções executivas para comandar as transformações de cada caminho com base na correlação com as transformações mais completas da pesquisa de 2017.

26. WOERNER, S. L.; WEILL, P.; DIAZ BAQUERO, A. P. Coordinating Multiple Pathways for Transformation Progress. *MIT Sloan CISR Research Briefing*, v. 22, n. 4, abr. 2022. Disponível em: https://cisr.mit.edu/publica tion/2022 0401_MultiplePathwaysWoernerWeillDiazBaquero.

27. Fornecido por empresa, compilado com base nos relatórios disponíveis em "Financial results", Investor Relations, Grupo Bancolombia. Disponível em: https://www.grupobancolombia.com/investor-relations/financial-infor mation/quarter-results.

28. A fonte sobre dos 10 milhões de usuários foi resultado das entrevistas com executivos.

29. Número de correspondentes não bancários obtido em documentos não publicados da empresa; usado com permissão. Detalhes sobre os caixas eletrônicos do Bancolombia obtidos em Bancolombia S.A. *Corporate Presentation*, p. 2, jan. 2022. Disponível em: https://www.grupobancolombia.com/wcm/connect/www.grupobancolombia.com15880/4da24cd8-e940-46fa-a83f-e3e2e 5be6788/Corporate+Presentation.pdf?MOD =AJPERES&CVID=nZHOCJm.

30. MIT CISR 2019 TMT and Transformation Survey (N = 1.311). Comparamos empresas em vários caminhos bem coordenados com empresas em vários caminhos não coordenados em diversas medidas, usando um teste de diferenças entre médias. Os itens descritos foram as três medidas com as maiores diferenças. As diferenças foram significativas no nível p < 0,05.

31. Ver, por exemplo, SAMBAMURTHY, V.; ZMUD, R. W. Arrangements for Information Technology Governance: A Theory of Multiple Contingencies. *MIS Quarterly*, 23, n. 2, p. 261-290, jun. 1999; WEILL, P.; ROSS, J. W. *IT Governance: How Top Performers Manage IT Decision Rights for Superior Results*. Boston: Harvard Business School Press, 2004.

32. A plataforma digital "padroniza e automatiza os processos [centrais de negócios] e assim aumenta a confiabilidade, reduz o custo operacional e assegura a qualidade", como em WEILL, P.; ROSS, J. W. *IT Savvy: What Top Executives Must Know to Go from Pain to Gain*. Boston: Harvard Business Press, 2009. p. 16.

33. GIROD, S. J. G.; KARIM, S. Restructure or Reconfigure? *Harvard Business Review*, mar.-abr. 2017.

34. WEILL, P.; WOERNER, S. L. *Qual o seu modelo digital de negócio?* Seis perguntas para ajudar a construir a empresa de próxima geração. São Paulo: M.Books, 2019.

35. ENSOR, B. *BBVA Tops Forrester's 2019 Global Mobile Banking App Reviews*. Forrester, 24 set. 2019. Disponível em: https://go.forrester.com/blogs/bbva-tops-forresters-2019-global-mobile-banking-app-reviews/.

36. BBVA. *BBVA Earns €1.32 Billion in 4Q20, its Best Quarterly Result in Two Years.* 29 jan. 2021. Disponível em: https://www.bbva.com/en/results-4q20/.

37. WIXOM, B. H.; SOMEH, I. Accelerating Data-Driven Transformation at BBVA. *MIT Sloan CISR Research Briefing*, v. 13, n. 7, jul. 2018. Disponível em: https://cisr.mit.edu/publication/20180701DataDrivenBBVAWixomSomeh.

38. BBVA. *BBVA's Journey to Become a Digital, Data-Driven Bank.* 11 jun. 2021. Disponível em: https://www.bbva.com/en/bbvas-journey-to-become-a-digital-data-driven-bank/.

CAPÍTULO 3

1. MIT CISR, 2019 TMT and Transformation Survey (N = 1.311).

2. A ameaça digital foi avaliada na MIT CISR 2017 Digital Pathways Survey (N = 400).

3. MIT CISR, 2019 TMT and Transformation Survey (N = 1.311).

4. WEILL, P.; ROSS, J. W. *IT Savvy: What Top Executives Must.*

5. SOMEH, I. A.; WIXOM, B. H.; GREGORY, R. W. The Australian Taxation Office: Creating Value with Advanced Analytics. MIT Sloan CISR Working Paper, n. 447, nov. 2020. Disponível em: https://cisr.mit.edu/publication/MIT CISRwp447ATOAdvancedAnalyticsSomehWixom Gregory.

6. KAISER PERMANENTE. *Fast Facts*, 31 dez. 2021, Disponível em: https://about.kaiserpermanente.org/who-we-are/fast-facts.

7. KAGAN, M.; SEBASTIAN, I. M.; ROSS, J. W. Kaiser Permanente: Executing a Consumer Digital Strategy. *MIT Sloan CISR Working Paper*, n. 405,

180 TI – TECNOLOGIA DA INFORMAÇÃO: Empresa Pronta para o Futuro

2016. Disponível em: https://cisr.mit.edu/publication/MIT CISRwp408Kaiser PermanenteKaganSebastianRoss.

8. Prat Vemana, mensagem por *e-mail* aos autores como parte da aprovação do estudo de caso, 29 abr. 2022.

9. Diane Comer, mensagem por *e-mail* aos autores como parte da aprovação do estudo de caso, 29 abr. 2022.

10. FUNAHASHI, T.; BORGO L.; JOSHI, N. Saving Lives with Virtual Cardiac Rehabilitation. *NEJM Catalyst Innovations in Care Delivery,* 28 ago. 2019. Disponível em: https://catalyst.nejm.org/doi/full/10.1056/CAT.19.0624; https://catalyst.nejm.org/doi/full/10.1056/CAT.19.0624; KAISER PERMANENTE. *Reducing Secondary Cardiac Events with Virtual Cardiac Rehab*, 28 ago. 2019, disponível em: https://about.kaiserpermanente.org/our-story/news/announcements/-reducing-secondary-cardiac-events-with-virtual-cardiac-rehab.

11. SEBASTIAN, I. M.; WEILL, P.; WOERNER, S. L. Three Types of Value Drive Performance in Digital Business. *MIT Sloan CISR Research Briefing,* n. XXI-3, 18 mar. 2021, disponível em: https://cisr.mit.edu/publica tion/20210301_ValueinDigitalBusinessSebastianWeillWoerner.

12. FUNAHASHI, BORGO e JOSHI. *Saving Lives with Virtual Cardiac Rehabilitation.*

13. KAGAN, SEBASTIAN e ROSS. *Kaiser Permanente.*

14. SEBASTIAN, WEILL e WOERNER. *Three Types of Value Drive Performance in Digital Business.*

15. Prat Vemana, entrevista com Ina Sebastian (autora), 11 mar. 2020.

16. TETRA PAK. *Tetra Pak in Figures,* 1º jan. 2021, disponível em: https://www.tetrapak.com/about-tetra-pak/the-company/facts-figures; VAN DER MEULEN, M.; WEILL, P.; WOERNER, S. L. Managing Organizational Explosions during Digital Business Transformations. *MIS Quarterly Executive*, set. 2020; WEILL, P.; WOERNER, S. L.; VAN DER MEULEN, N. Four Pathways to 'Future Ready' that Pay Off. *European Business Review,* mar.-abr. 2019.

17. TETRA PAK. *Tetra Pak Introduces the 'Factory of the Future' with Human and AI Collaboration at Its Core,* 29 mar. 2019, disponível em: https://

www.tetrapak.com/en-us/about-tetra-pak/news-and-events/newsarchive/factory-of-the-future.

18. TETRA PAK *Tetra Pak Launches Connected Packaging Platform*, 3 abr. 2019, disponível em: https://www.tetrapak.com/en-us/about-tetra-pak/news-and-events/newsarchive/connected-packaging-platform.

19. TETRA PAK. *Tetra Pak Calls for Collaborative Innovation to Tackle Sustainability Challenges in the Food Packaging Industry*, 25 jan. 2021, disponível em: https://www.tetrapak.com/en-us/about-tetra-pak/news-and-events/newsarchive/collaborative-innovation-tackle-sustainability-challenges-food-packaging-industry.

20. SEBASTIAN, I. M.; WEILL, P.; WOERNER, S. L. Driving Growth in Digital Ecosystems. *MIT Sloan Management Review*, 18 ago. 2020. Disponível em: https://sloanreview.mit.edu/article/driving-growth-in-digital-ecosystems/; TETRA PAK. Voices of Innovation: The Power of Partnership, 25 jan. 2021. Disponível em: https://www.youtube.com/playlist?list=PLR9c4Ljeb6khqftcD7HrOxw UhiWZQ53xx.

CAPÍTULO 4

1 e 2. MIT CISR 2019 TMT and Transformation Survey (N = 1.311).

3. DERY, K.; VAN DER MEULEN, N. The Employee Experience of Digital Business Transformation. *MIT Sloan CISR Research Briefing*, v. 20, n. 1, jan. 2020. Disponível em: https://cisr.mit.edu/publication/20200101PathwaysEX_MeulenDery.

4. A descrição da CarMax vem, primariamente, do estudo de caso do MIT Sloan CISR feito por ROSS, J. W.; BEATH, C. M.; NELSON, R. Redesigning Car Max to Deliver an Omni-Channel Customer Experience. *MIT Sloan CISR Working Paper*, n. 442, 18 jun. 2020. Disponível em: https://cisr.mit.edu/publication/MIT_CISRwp442_CarMax_RossBeathNelson; CARMAX. *Analyst Day 2021*. 6 maio 2021. Disponível em: https://investors.carmax.com/news-and-events/events-and-presentations/carmax-analyst-day/default.aspx; disponível em: https://s27.q4cdn.com/743947716/files/docpresentations/2021/05/07/CarMax-Analyst-Day-2021-Summary.pdf.

5. CARMAX. *Our Purpose*. Disponível em: www.carmax.com/about-carmax. Acesso em: 4 abr. 2022.

182 TI – TECNOLOGIA DA INFORMAÇÃO: Empresa Pronta para o Futuro

6. CARMAx. *CarMax Annual Report 2021*. Richmond, Virginia: Carmax, 2021. Disponível em: https://s27.q4cdn.com/743947716/files/docfinancials/2021/ar/KMX-FY21-Annual-Report.pdf.

7. A CarMax recebeu prêmios como o de 100 Melhores Empresas para Trabalhar da revista *Fortune* em 17 anos consecutivos, assim como o de Melhor Local de Trabalho em Diversidade da revista *Forbes*: CARMAX. *Carmax Annual Report 2021*. Disponível em: https://s27.q4cdn.com/743947716/files/docfinancials/2021/ar/KMX-FY21-Annual-Report.pdf; Carmax. Company Recognition. Disponível em: http://media.carmax.com/Recognition/. Acesso em: abr. 2022.

8. Shamim Mohammad, *e-mail* aos autores em 12 abr. 2022.

9, 10, 11 e 12. ROSS, BEATH e NELSON. *Redesigning CarMax*.

13. CARMAX. *CarMax Analyst Day 2021*.

14. O estudo de caso da Cemex se baseia em muitas fontes usadas com permissão, como: VAN DER MEULEN, N.; WEILL, P.; WOERNER, S. L. Managing Organizational Explosions during Digital Business Transformations. *MIS Quarterly Executive*, set. 2020. p. 165-182; WEILL, P.; WOERNER, S. L.; VAN DER MEULEN, N. Four Pathways to "Future Ready" that Pay Off. *European Business Review*, mar.-abr. 2019, p. 11-15; Interações com a alta equipe executiva da Cemex nas sessões MIT Sloan Executive Education; MIT CISR Surveys e entrevistas; CEMEX.com; Relatórios Anuais e Resultados Trimestrais da Cemex.

15. VAN DER MEULEN; WEILL; WOERNER. *Managing Organizational Explosions*.

16. CEMEX Annual Report 2019. Disponível em: https://www.cemex.com/documents/20143/49694544/IntegratedReport2019.pdf/4e1b2519-b75f e61a-7cce -2a2f2f6f09dc; CEMEX Second Quarter 2020 Results, https://www.cemex.com/documents/20143/49897099/2Q20resultsEnglish.pdf/42519285-1974-b582-c96c-8e6e455831d7.

17. CEMEX Third Quarter 2020 Results. Disponível em: https://www.cemex.com/documents/20143/49897099/3Q20resultsEnglish.pdf/b53e9747-672f-59fb-f8e8-a26342e32132.

18. O sucesso disruptivo da plataforma CEMEX Go no setor de material de construção, reconhecido pela LOGISTIK HEUTE no Prêmio de Gestão da Cadeia de Suprimentos de 2018, levou a Cemex a monetizar ainda mais a plataforma com o licenciamento para outros participantes globais do setor. Veja mais informações sobre o prêmio LOGISTIK HEUTE em "CEMEX Go Wins Renowned German Award", comunicação à imprensa da Cemex em 6 dez. 2018, disponível em: https://www.cemex.com/press-releases-2018/-/assetpu blisher/aKEb3AUF78Y0/content/cemex-go-wins-renowned-german-award.

19. CEMEX Launches Construrama Online Store, comunicação à imprensa em 6 jun. 2018. Disponível em: https://apnews.com/press-release/business wire/business-lifestyle-mexico-materials-industry-562f012429874ae49a54de 9b90bb80d2.

20. CEMEX Go Developer Center e casos de uso. Disponível em: https://de velopers.cemexgo.com; https://developers.cemexgo.com/usecases0; CEMEX 2019 Annual Report; https://www.cemex.com/documents/20143/49694544/ IntegratedReport2019.pdf/4e1b2519-b75f-e61a-7cce-2a2f2f6f09dc.

21. CEMEX Presents CEMEX Go Developer Center, comunicação à imprensa da Cemex em 4 abr. 2019. Disponível em: https://www.cemex.com/ press-releases-2019/-/asset_publisher/sixj9tAnl3LW/content/cemex-pres ents-cemex-go-developer-center?com liferay asset publisher web portlet Asset PublisherPortlet_INSTANCE sixj9tAnl3LWredirect=https%3A%2F%2Fwww. cemex.com%3A443%2Fpress-releases-2019%3Fppid%3Dcomliferay_asset publisherwebportletAssetPublisherPortletINSTANCE_sixj9tAnl3LW%26p plifecycle%3D0%26ppstate%3Dnormal%26p_pmode%3Dview%26 comliferayassetpublisherwebportlet_AssetPublisherPortletINSTANCE sixj9tAnl3LWcur%3D0%26p_rpresetCur%3Dfalse%26comliferayassetp ublisherweb_portletAssetPublisherPortletINSTANCEsixj9tAnl3LWasset EntryId%3D47830218.

22. CEMEX Ventures Invests in Carbon Capture Tech of the Future. Comunicação à imprensa da Cemex em 3 ago. 2021. Disponível em: https://www. cemexventures.com/carbon-capture-technology/.

23. CEMEX Joins OpenBuilt to Accelerate Digital Transformation of the Construction Industry. Comunicação à imprensa da Cemex em 14 abr. 2021.

184 TI – TECNOLOGIA DA INFORMAÇÃO: Empresa Pronta para o Futuro

Disponível em: https://www.cemex.com//cemex-joins-openbuilt-to-acceler ate-digital-transformation-of -the-construction-industry.

24. VAN DER MEULEN; WEILL; WOERNER. *Managing Organizational Explosions.*

25. Respostas do vice-presidente executivo de administração e organização Luis Hernandez Echavez e do CEO Fernando González a perguntas enviadas a nós por *e-mail* em 6 jul. 2021.

26. Fernando González, mensagem por *e-mail* ao autor em 30 jan. 2021.

CAPÍTULO 5

1. MIT CISR 2019 TMT and Transformation Survey (N = 1.311). Os participantes da pesquisa identificaram o setor de sua empresa. Os setores foram consolidados para refletir as categorias do Sistema Norte-Americano de Classificação de Setores (North American Industry Classification System, NAICS). Consumidor é igual a hospitalidade, viagens, restaurantes, varejo, arte, entretenimento e recreação.

2. WORLD'S Best Digital Bank 2018: DBS. *Euromoney,* 11 jul. 2018. Disponível em: https://www.euromoney.com/article/b18k8wtzv7v23d/world39s -best-digital-bank-2018-dbs.

3. DBS Named Best Bank in the World. *DBS,* 24 ago. 2018. Disponível em: https://www.dbs.com/newsroom/DBS named Best Bank in the World.

4. Com Siew Kien Sia e seus colegas da Escola de Administração de Nanyang, em Cingapura, Peter Weill publicou dois artigos e dois estudos de caso baseados em muitas entrevistas com executivos do DBS e na revisão de muitos documentos internos da empresa. Somos muito gratos à parceria com o DBS para concluir e publicar essa análise. Ver SIA, S. K.; WEILL, P.; ZHANG, N. Designing a Future-Ready Enterprise: The Digital Transformation of DBS Bank. *California Management Review,* mar. 2021 (esta sessão do livro baseia-se fortemente neste artigo); SIA, S. K.; SOH, C.; WEILL, P.; CHONG, Y. *Rewiring the Enterprise for Digital Innovation: The Case of DBS Bank.* Nanyang Technological University, Nanyang Business School; o Asian Business Case Centre, pub no. ABCC-2015-004, jun. 2015; SIA, S. K.; WEILL, P.; XU, M. DBS: From the 'World's Best Bank' to Building the Future-ReadyEnterprise. *MIT Sloan CISR Working Paper,* n. 436, mar. 2019, disponível em: https://cisr.mit.edu/pu

blication/MITCISRwp436_DBS-FutureReadyEnterpriseSiaWeillXu; WEILL, P.; SIA, S. K.; SOH, C. How DBS Pursued a Digital Business Strategy. *MIS Quarterly Executive*, v. 15, n. 2, p. 105-121, 2016.

5. Veja DBS. *Fixed Income Investor Presentation*. Disponível em: https://www.dbs.com/iwov-resources/images/investors/overview/Fixed%20inco me%20investor%20presentation%201H21 vF.pdf?productId=jx3sjprr; A taxa de câmbio média de 2014 veio de exchangerates.org.uk, disponível em: https://www.exchangerates .org.uk/SGD-USD-spot-exchange-rates-history-2014. html#:~:text=Average%20exchange%20rate%20in%202014%3A%20 0.7893%20USD. A taxa de câmbio média de 2021 veio de exchangerates.org. uk, Disponível em: https://www.exchangerates.org.uk/SGD-USD-spot-ex change-rates-history-2021.html#:~:text=Average%20exchange%20rate%20 in%202021%3A%200.7442%20USD). Acesso em: abr. 20022.

6, 7 e 8. SAI; WEILL; ZHANG. *Designing a Future-Ready Enterprise*.

9. SAI; WEILL; XU. *DBS: From the 'World's Best Bank'*.

10. DBS. *Annual Report 2017*. Cingapura: DBS, 2017. Disponível em: https: //www.dbs.com/annualreports/2017/index.html.

11 e 12. SAI; WEILL; XU. DBS: From the 'World's Best Bank'.

13. DBS. *Reimagining Banking, DBS Launches World's Largest Banking API Developer Platform*. 2 nov. 2017. Disponível em: https://www.dbs.com/news room/Reimagining banking DBS launches worlds largest banking _API deve loper platform.

14 e 15. Sai; Weill; Zhang. *Designing a Future-Ready Enterprise*.

16. SAI; WEILL; XU. DBS: From the 'World's Best Bank'.

17. COBBAN, P. DBS' Digital Transformation Journey to Become the World's Best Bank. *Cuscal Curious Thinkers Virtual Program*, 22 jun. 2021. O número de 33 plataformas também está presente em TAN, A. DBS Bank Goes Big on Open Source. *ComputerWeekly.com*, 25 jun. 2019. Disponível em: https://www.computerweekly.com/news/252465653/DBS-Bank-goes-big-on -open-source

18. O sistema ou a abordagem *two-in-a-box* se refere a um método admi- nistrativo no qual duas (ou mais) pessoas têm a mesma autoridade e respon-

186 TI – TECNOLOGIA DA INFORMAÇÃO: Empresa Pronta para o Futuro

sabilidade de liderança numa tarefa ou num conjunto de tarefas, em geral com funções complementares.

19 e 20. SAI; WEILL; Xu. *DBS: From the 'World's Best Bank'.*

21. DBS. *Banking without Branches, DBS digibank India Gains 1m Customers in a Year.* 8 jun. 2017. Disponível em: https://www.dbs.com/innovation/dbs-innovates/banking-without-branches-dbs-digibank-india-gains-1m-customers-in-a-year.html.

22. DBS. *Banking without Branches.*

23. SIA; WEILL; XU. *DBS: From the 'World's Best Bank'.*

24. O MIT CISR estudou a KPN durante vários anos, sob o comando do nosso colega Dr. Nick van der Meulen. Esta seção baseou-se fortemente nestas publicações: VAN DER MEULEN, N; WEILL, P.; WOERNER, S. L. Managing Organizational Explosions during Digital Business Transformations. *MIS Quarterly Executive*, set. 2020, 165-182; WEILL, P.; WOERNER, S. L.; VAN DER MEULEN, N. Four Pathways to 'Future Ready' that Pay Off. *European Business Review*, p. 11-15, mar.-abr. 2019; VAN DE MEULEN, N.; WEILL, P.; WOERNER, S. L. Digital Transformation at KPMG: Navigating Organizational Disruption. *MIT Sloan CISR Case Study Working Paper*, n. 431, ago. 2018, disponível em: https://cisr.mit.edu/publication/MITCISRwp431PathwaysKPN_VanderMeulenWeillWoerner.

25. KPN Integrated Annual Report 2020: Accelerating Digitalization of the Netherlands. Amsterdã: KPN, 2020. p. 9. Disponível em: https://ir.kpn.com/download/companies/koninkpnnv/Results/KPNIR2020Singlenavigation.pdf.

26. KPN Integrated Annual Report 2020: Accelerating Digitalization of the Netherlands.

27. O serviço de mídia *over the top* é um serviço de *streaming* oferecido diretamente aos consumidores pela internet. As empresas *over the top* se desviam das plataformas de TV a cabo, TV aberta e televisão por satélite, empresas que tradicionalmente atuam como controladoras ou distribuidoras desse conteúdo. Embora geralmente aplicada às plataformas de vídeo sob demanda, a expressão também se refere ao *streaming* de áudio, aos serviços de mensagens e às soluções de ligação de voz baseadas na internet.

28. Em média, a receita das empresas europeias de telecomunicações caiu 33% de 2008 a 2017. Há uma visão geral dessa evolução econômica em *GSMA*

Europe: The Mobile Economy — Europe 2017, 17 out. 2017. Disponível em: https://www.gsma.com/gsmaeurope/resources/mobile-economy-europe-2017/; GSMA. *Mobile Economy Europe 2013.* 5 set. 2013. Disponível em: https://www.gsmaintelligence.com/research/?file=6b321d25

29. VAN DER MEULEN; WEILL; WOERNER. Managing Organizational Explosions.

30. VAN DER MEULEN; WEILL; WOERNER. Digital Transformation at KPMG.

31. KPN Integrated Annual Report 2020: Accelerating Digitalization of the Netherlands. p. 7. Disponível em: https://ir.kpn.com/download/companies/koninkpnnv/Results/KPN IR 2020 Single navigation.pdf.

CAPÍTULO 6

1. CLIMATE FieldView. *Climate FieldView.* Disponível em: https://climate.com/https://dev.fieldview.com. Acesso em: 7 abr. 2022.

2. FIELDVIEW for Developers. *More Visibility for Your Solutions.* Disponível em: https://dev.fieldview.com. Acesso em: 7 abr. 2022.

3. BAYER GLOBAL. *Advancing Sustainability and Efficiency: Are You Pre pared for the Future of Agriculture?* Disponível em: https://www.bayer.com/en/investors/agriculture-megatrends. Acesso em: 21 jun. 2021.

4. CLIMATE FIELDVIEW. *Bayer, Microsoft Enter into Strategic Partnership to Optimize and Advance Digital Capabilities for Food, Feed, Fuel, Fiber Value Chain.* Boletim para a imprensa, 17 nov. 2021. Disponível em: https://climate.com/press-releases/bayer-microsoft-strategic-partnership/.

5. EICKHOFF, T.; WILLIAMS, J. *The Beginning of What's Next: The 2022 Digital Farming Research Pipeline.* Climate FieldView, fev. 2022, disponível em: https://climate.com/tech-at-climate-corp/the-beginning-of-what-s-next-the-2022-digital-farming-research-pipeline/.

6. PING An Healthcare Technology Company Limited. 'Easier, Faster, and More Affordable': Ping An Good Doctor's New Strategy Builds on Solid Foundation. *Cision PR Newswire,* 24 out. 2021. Disponível em: https://www.prnewswire.com/news-releases/easier-faster-and-more-affordable-ping-an-good-doctors-new-strategy-builds-on-solid-foundation-301407238.html.

188 TI – TECNOLOGIA DA INFORMAÇÃO: Empresa Pronta para o Futuro

7. Conversor de moeda do Google em 1º de mar. 2022.

8. PING An Healthcare and Technology Company Limited. Ping An Good Doctor Posts 39% Revenue Growth in the First Half of 2021; Revenue from Medical Services Grows 50.6%; Total Number of Registered Users Reaches 400 Million. *Cision PR Newswire*, 24 ago. 2021. Disponível em: https://www.prnewswire.com/news-releases/ping-an-good-doctor-posts-39-revenue-growth-in-the-first-half-of-2021-revenue-from-medical-services-grows-50-6-total-number-of-registered-users-reaches-400-million-301361754.html.

9. PING AN Healthcare and Technology Company Limited. 'Easier, Faster and More Affordable'.

10. E-mail de Ana Maria Bonomi Barufi, gerente de pesquisa em inovação, Banco Bradesco, em nome da equipe next, para Ina Sebastian (autora), em 30 abr. 2022.

11. Os detalhes do Bancolombia e do Nequi estão em: DIAZ BAQUERO, A. P.; WOERNER, S. L. Bancolombia: Coordinating Multiple Digital Transformations. *MIT Sloan CISR Working Paper*, n. 455, abr. 2022. Disponível em: https://cisr.mit.edu/publication/MITCISRwp455Bancolombia_DiazBaquero Woerner.

12. WEILL, P.; WOERNER, S. L. *Qual o seu modelo digital de negócios? 6 perguntas para ajudar a construir a empresa de próxima geração.* São Paulo: M.Books, 2019.

13. SCHNEIDER ELECTRIC. Schneider Electric Half Year 2021 Results — July30, 2021. 30 jul 2021. Disponível em: https://www.se.com/ww/en/as sets/564/document/220698/presentation-half-year-results-2021.pdf.

14. WEILL, P.; WOERNER, S. L.; DIAZ BAQUERO, A. P. Hello Domains, Goodbye Industries. *MIT Sloan Center for Information Systems Research Briefing* 21, n. 1, jan. 2021. Disponível em: https://cisr.mit.edu/publica tion/20210101_HelloDomainsWeillWoernerDiaz.

15. SCHNEIDER ELECTRIC SE. *Universal Registration Document 2019*, 17 mar. 2020. Disponível em: https://www.se.com/ww/en/assets/564/docu ment/124836/annual-report-2019-en.pdf.

16. TRICOIRE, J.-P. Capital Markets Day. Schneider Electric, 26 jun. 2019.

17. FIDELITY. *Navigating the College Journey*. Disponível em: https://myguidance.fidelity.com/ftgw/pna/public/lifeevents/content/sending-child-to-college/overview; FIDELITY. Attending College. Disponível em: https://myguidance.fidelity.com/ftgw/pna/public/lifeevents/content/sending-child--to-college/overview/attending-college. Acessos em: 7 abr. 2022.

18. Interpretação do pesquisador com base em informações da Shopify em: *Shopify Q2 2020 Results*. Shopify Q2 2020 Financial Results Conference Call, 29 jul. 2020. Disponível em: https://s27.q4cdn.com/572064924 /files/doc downloads/2020/Shopify-Investor-Deck-Q2-2020.pdf; Informações do *site* da Shopify. Disponível em: https://www.shopify.com/FinancialinformationfromShopify; *Q4 2021 Results*, fev. 2022. Disponível em: https://s27.q4cdn.com/572064924/files/docfinancials/2021/q4/Shopify-Investor-Deck-Q4 -2021.pdf.

19. TRICOIRE. *Capital Markets Day*, p. 11 e 17.

20. MAERSK. *2021 Annual Report*. Copenhague: A. P. Moller-Maersk, 2021. Disponível em: https://investor.maersk.com/static-files/b4df47ef-3977-412b-8e3c-bc2f02bb4a5f. Todos os números de 31 dez. 2021.

21. TRADELENS. *Where We Are Today*. Disponível em: https://tour.tradelens.com/status. Acesso em 7 abr. 2022.

22. A vinheta desse caso se baseia em 14 entrevistas com executivos entre 2019 e 2022 e em fontes públicas. Esse caso se baseia em SEBASTIAN, I. M.; WEILL, P.; WOERNER, S. L. Three Types of Value Driver Performance in Digital Business. *MIT Sloan CISR Research Briefing*, n. XXI-3. Disponível em: https://cisr.mit.edu/publication/20210301_ValueinDigitalBusinessSebastian WeillWoerner.

23. MAERSK. *2020 Annual Report*. Copenhague: A. P. Moller-Maersk, 2020. Disponível em: https://investor.maersk.com/static-files/97a03c29-46a2-4e84-9b7e-12d4ee451361; TradeLens, "Network". Disponível em: https://www.tradelens.com/ecosystem.

24. E-mail de Daniel Wilson, chefe de estratégia e operações da TradeLens, GTD Solution, a um dos autores em 24 mar. 2022.

25. PICO, S. Søren Skou Expects Growth from Maersk's Blockchain Venture in 2021. *ShippingWatch*, 1º dez, 2020. Disponível em: https://shippingwatch.com/carriers/Container/article12596226.ece.

190 TI – TECNOLOGIA DA INFORMAÇÃO: Empresa Pronta para o Futuro

26. MAERSK. *2019 Annual Report*. Copenhague: A. P. Moller-Maersk, 2019. Disponível em: https://investor.maersk.com/static-files/984a2b93-0035-40d3-9cae-77161c9a36e0.

27. TRADELENS. CMA CGM and MSC Complete TradeLens Integration and Join as Foundation Carriers. Boletim para a imprensa de 15 out. 2020. Disponível em: https://www.tradelens.com/press-releases/cma-cgm-and -msc-complete-tradelens-integration-and-join-as-foundation-carriers.

28. Esse caso se baseia em VAN DER MEULEN, N.; WEILL, P.; WOERNER, S. L. Managing Organizational Explosions during Digital Business Transformations. *MIS Quarterly Executive*, set. 2020. p. 165-182.

29. DOMAIN GROUP. *About Domain Group*. Disponível em: https://www.domain.com.au/group/. Acesso em: 8 abr. 2022.

30. VAN DER MEULEN; WEILL; WOERNER. *Managing Organizational Ex plosions during Digital Business Transformations*. p. 165-182.

31. Veja mais sobre as parcerias digitais em SEBASTIAN, I. M.; WEILL, P. WOERNER, S. L. Partnering to Grow in the Digital Era. *European Business Review*, p. 61-65, mar.-abr. 2020.

CAPÍTULO 7

1. Veja a definição de *inteligência digital* e a sua relação com o desempenho da empresa em WEILL, P.; WOERNER, S. L.; SHAH, A.M. Does Your C-Suite Have Enough Digital Smarts?. *MIT Sloan Management Review*, primavera de 2021, p. 63-67.

2 e 3. WEILL, WOERNER e SHAH. Does Your C-Suite Have Enough Digital Smarts?

4. O impacto financeiro de ter um conselho administrativo com inteligência digital citado nesta seção vem da pesquisa do MIT CISR descrita em WEILL, P.; APEL, T.; WOERNER, S. L.; BANNER, J. S. Assessing the Impact of a Digitally Savvy Board on Firm Performance. *MIT Sloan CISR Working Paper*, n. 433 jan. 2019. Disponível em: https://cisr.mit.edu/publication/MIT_CIS Rwp433_ DigitallySavvyBoards_WeillApelWoernerBanner; e de WEILL, P.; APEL, T.; WOERNER, S. L.; BANNER, J. S. It Pays to Have a Digitally Savvy Board. *MIT Sloan Management Review*, 12 mar. 2019. Estudamos o conselho

administrativo de todas as empresas americanas de capital aberto com mais de US$ 1 bilhão de receita que tinham seis ou mais diretores.

5. PRINCIPAL FINANCIAL GROUP. *Profile and Offerings*. Disponível em: https://www.principal.com/about-us/our-company/profile-and-offerings. Acesso em: 8 abr. 2022.

6. STANDARD BANK GROUP. *Our Values and Code of Ethics*. Disponível em: https://www.standardbank.com/sbg/standard-bank-group/who-we-are/our-values-and-code-of-ethics. Acesso em: 8 abr. 2022.

7. COCHLEAR. *About Us*. Disponível em: https://www.cochlear.com/au/en/about-us. Acesso em: 8 abr. 2022.

8. SCHNEIDER ELECTRIC. *Company Profile*. Disponível em: https://www.se.com/us/en/about-us/company-profile/. Acesso em: 8 abr. 2022.

9. SCOTT, M. Top Company Profile: Schneider Electric Leads Decarbonizing Megatrend. *Corporate Knights*, 25 de janeiro de 2021, https://www.corporateknights.com/leadership/top-company-profile-schneider-electric--leads-decarbonizing-megatrend25289/.

10. TETRA PAK. *Our Identity and Values*. Disponível em: https://www.tetrapak.com/about-tetra-pak/the-company/our-identity-and-values. Acesso em: 8 abr. 2022.

11. DBS. *Our Vision*. Disponível em: https://www.dbs.com/about-us/who-we-are/our-vision. Acesso em: 8 abr. 2022.

12. TRADELENS. *Digitizing the Global Supply Chain*. Disponível em: https://www.tradelens.com/about. Acesso em: 8 abr. 2022.

13. PRINCIPAL Financial Group. *About Us*. Disponível em: https://www.principal.com/about-us. Acesso em: 1 maio 2022.

14. CARMAX. *Our Purpose*. Disponível em: www.carmax.com/about-carmax. Acesso em: 22 abr. 2022.

15. Identificamos as dez funcionalidades prontas para o futuro por meio de uma série de conversas e entrevistas sobre a transformação digital, realizadas de 2015 a 2019, com altos executivos do mundo inteiro. Quantificamos a relação entre funcionalidades e valor usando dados da MIT CISR 2019 Top

192 TI – TECNOLOGIA DA INFORMAÇÃO: Empresa Pronta para o Futuro

Management Teams and Transformation Survey (N = 1.311) e acompanhamos com novas entrevistas de 2019 a 2022.

16. WEILL, P.; WOERNER, S. L. *Qual o seu modelo digital de negócio? 6 perguntas para ajudar a construir a empresa de próxima geração*. São Paulo: M.Books, 2019.

17. SEBASTIAN, I. M.; WEILL, P.; Woerner, S. L. Driving Growth in Digital Ecosystems. *MIT Sloan Management Review*, outono 2020, republicação 62127, disponível em: https://sloanreview.mit.edu/article/driving-growth-in-digital-ecosystems/.

18. WIXOM, B. H.; ROSS, J. W. How to Monetize Your Data. *MIT Sloan Management Review*, primavera de 2017, republicação 58310, https://sloanreview.mit.edu/article/how-to-monetize-your-data/.

19. Dery, K.; WOERNER, S. L.; BEATH, C. M. Equipping and Empowering the Future-Ready Workforce. *MIT Sloan Center for Information Systems Research Briefing* 20, n. 12, dez. 2020. Disponível em: https://cisr.mit.edu/public ation/20201201FutureReadyWorkforce_DeryWoernerBeath.

20. WIXOM, B. H.; SOMEH, I. A. Accelerating Data-Driven Transformation at BBVA. *MIT Sloan Center for Information Systems Research Briefing*, v. 18, n. 7, jul. 2018. Disponível em: https://cisr.mit.edu/publication/2018_0701_ DataDrivenBBVA_WixomSomeh.

21. Ver a Figura 5 em SIA, S. K.; WEILL, P.; XU, M. *DBS: From the 'World's Best Bank' to Building the Future-Ready Enterprise*. Nanyang Business School, dez. 2018 (Ref N.: ABCC-2019-001). Disponível em: https://cisr.mit.edu/pu blication/MIT CISRwp436 DBS-FutureReadyEnterprise_SiaWeillXu.

22. FONSTAD, N. O. Innovating Greater Value Faster by Taking Time to Learn. *MIT Sloan Center for Information Systems Research Briefing*, 20, nº 2, fev. 2020. Disponível em: https://cisr.mit.edu/publication/2020_0201_Inno vatingGreaterValueFasterFonstad.

23. SEBASTIAN, I. M.; WEILL, P.; WOERNER, S. L. Three Types of Value Drive Performance in Digital Business. *MIT Sloan Center for Information Systems Research Briefing*, 21, n. 3, mar. 2021. Disponível em: https://cisr.mit. edu/publication/2021_0301_ValueinDigitalBusiness_SebastianWeillWoerner.

24. Este caso se baseia em WEILL, P.; WOERNER, S. L. Dashboarding Pays Off. *MIT Sloan Center for Information Systems Research Briefing*, n. XXII-1, 20

jan. 2022. Disponível em: https://cisr.mit.edu/publication/2022_0101_Dash boarding_WeillWoerner. As receitas são de SCHNEIDER Electric SE. *Enabling a Sustainable Future, 2021 Universal Registration Document*. Disponível em: https://www.se.com/ww/en/assets/564/document/319364/2021-universal-registration-document.pdf.

25. TRICOIRE, J.-P. *Accelerating*. Apresentação no Capital Markets Day de 2021, Rueil-Malmaison, França, 30 de novembro de 2021. Disponível em: https://www.se.com/ww/en/assets/564/document/260776/accelerating-jean-pascal-tricoire-2021-cmd.pdf.

26. WEILL e WOERNER *Dashboarding Pays Off*.

27. Para simplificar, usamos a nota média de todos os caminhos no painel de métricas. Nos dados reais, houve algumas diferenças nas notas por caminho, principalmente na primeira terça parte da jornada de transformação (perguntamos aos entrevistados havia quanto tempo estavam na jornada de transformação em comparação com o que foi apresentado ao conselho administrativo). Especificamente, o valor das operações foi mais importante no caminho 1, e o valor dos clientes no caminho 2. Na segunda e na última terça parte da jornada de transformação, houve menos diferenças significativas.

28. Para o propósito deste exercício, suponha que cada um dos vários itens dentro de uma nota tem a mesma importância. Nos dados reais isso não é verdadeiro, mas o erro desse pressuposto será pequeno.

Índice remissivo

Nota: Os números das páginas seguidos por *f* se referem às figuras; os números com *n* indicam as notas.

A

A. P. Moller-Maersk, 130, 131

Abordagem de testar e aprender, 12, 38, 67, 70, 75, 79, 86, 88, 93, 135, 151, 152

Abordagem em degraus. *Ver* caminho 3 (alternar o foco como em degraus)

Acumular valor, 14. *Ver também* criação e captura de valor

Adesivo com QR code, 85

África, 147, 153

Agricultores, plataforma FieldView para, 121-122,126

Alternar o foco como em degraus. *Ver* caminho 3

Altos executivos
desenvolver uma linguagem em comum, 30-32

sobre o avanço para ficar pronto para o futuro, 20

sobre o uso de *ecossistema* e *plataforma,* 31

sobre os três tipos de valor digital, 25, 26f

Amazon, 9, 54, 108, 125, 129, 154

Ambidesteridade, 152

Ameaça da disrupção digital, 46, 63, 101, 104

Amsterdã, Países Baixos, 44

ANZ Bank, 66

API, serviços de negócios baseados em, 21

Aplicativo de pagamentos, 37

Aplicativos móveis, 17, 22, 39, 40, 42, 56

Aprendizado de máquina (*machine learning,* ML), 90, 108

Arcabouço/jornada pronta para o futuro, 13*f*, 15*f*, 147*f*
autoavaliação para identificar onde está sua empresa no, 29-31, 31*f*. *Ver também* painéis de métricas
caminhos no, 15*f*, 21*f*. *Ver também* caminho 1 (industrializar); caminho 2 (encantar os clientes primeiro)
comprometer-se com um caminho do, 13, 45-48, 149-150
diferença entre os setores no, 19*f*
empresas de experiência integrada no, 15*f*, 16-17
empresas de silos e espaguete no, 14, 15*f*
empresas industrializadas no, 15*f*, 15-16
empresas maiores e, 19-20
empresas prontas para o futuro no, 15*f*, 17-19
liderança para o. *Ver* líderes e liderança
medir o avanço no, 20
mudanças organizacionais e. *Ver* explosões organizacionais
pequenas e médias empresas (PME) e, 19
percentual de empresas em cada quadrante do, 18*f*
receita anual estimada das empresas no, 14
Arkik, 97
Artesanato digital, 114
Assistência médica

caminho 2 e, 82
diferença entre os setores no arcabouço pronto para o futuro e, 19*f*
domínio da habitação e, 128*f*
estudo de caso da Kaiser Permanente, 68-72
plataforma Good Doctor para, 122
Audi AG, 43
Austrália, 44, 44*f*, 134. *Ver também* Domain Group
Australian Publishing Media, 135
Autoavaliação, 10. *Ver também* painel de métricas
arcabouço pronto para o futuro, 30*f*
da gestão das explosões organizacionais, 60, 61*f*
do BankCo, 165, 169*f*, 170
dos caminhos para ficar pronto para o futuro, 59*f*
identificar onde a sua empresa está hoje no arcabouço/na jornada pronto(a) para o futuro, 29-30, 31*f*
Avaliação. *Ver* autoavaliação
AWS (Amazon Web Services), 10

B

Banco Bilbao Vizcaya Argentaria S. A. (BBVA), 42, 43
Banco só para celulares, 112
Bancolombia, 48, 49, 42, 78, 123

196 TI – TECNOLOGIA DA INFORMAÇÃO: Empresa Pronta para o Futuro

Bancos digitais, 45, 56-58. *Ver também* DBS (banco)
 digibank na Índia, 112
 jornada do BBVA, 56
 Nequi (Bancolombia), 49, 123, 130
Bancos e serviços bancários
 Bancolombia, 48, 49
 BBVA. *Ver* BBVA
 caminho 1 e, 63
 caminho 2 e, 82
 Danske Bank, 37-38
 DBS, 103-112
 digitais, 123
 ING Group, 45, 44*f*
 mBank, 40
BankCo, 165, 169*f*
 intermediários entre os clientes e, 10
 opções de modelo de negócio do, 11
 painel de métricas, 51, 169*f*
 vários caminhos usados pelo, 49
Barclays, 66
Batiste, Columbus, 70
Bayer, Climate FieldView da, 121-122
BBVA Data & Analytics, 57, 155
BBVA
 caminho 3 e, 28, 42-43
 desenvolver e reter os talentos certos, 154-156
 gestão das explosões organizacionais, 55-59-55*f*
Beath, Cynthia, 86
Bilbao, Espanha, 42
BMW, 43

Bradesco, 45, 123
Brasil, 45
Business-to-business (serviços entre empresas, B2B), 32
Business-to-consumer (marcas de empresas para o consumidor, B2C), 31

C

Caixas eletrônicos, 44, 49, 108, 112
Caminho 1 (industrializar), 63-80
 avanço médio da transformação pelo, 47*f*
 combinado com o caminho 2, 67
 criação de funcionalidades de plataforma no, 63, 66, 77-78
 criação de valor e, 67, 77, 79
 Danske Bank, 37-38
 desempenho financeiro e, 68
 deserto da digitalização e, 37, 66
 diferença entre os setores das empresas que escolhem, 64
 duas fases do, 63
 estudo de caso da Kaiser Permanente, 68-72
 estudo de caso da Tetra Pak, 68, 72-76
 fase de inovação rápida do, 64, 67
 foco dos líderes e, 77-78, 77*f*, 156-159, 157*f*
 percentual de empresas que usam, 47*f*
 plataformas e, 64-66
 quando usar, 45

tipo de empresa que usa, 64

visão geral, 20-21, 34-38

Caminho 2 (encantar os clientes primeiro), 81-99

avanço médio na transformação pelo, 47*f*

BankCo e, 49

combinado com o caminho 1, 68

diferença entre os setores das empresas que escolhem, 91

estudo de caso da CarMax, 85-89

estudo de caso da Cemex, 88-95, 96*f*

fase de consolidação e replataforma do, 82, 84, 98

fase de encantar o cliente do, 82-84, 95-98

foco dos líderes e, 158m 158*f*

foco dos líderes no, 96-98, 97*f*

mBank (Polônia), 40

percentual das empresas que usam, 47*f*

quando usar, 45

razões para as empresas usarem, 81-83

visão geral, 22, 38-40

Caminho 3 (alternar o foco como em degraus), 100-120

avanço médio na transformação pelo, 47*f*

Banco Bilbao Vizcaya Argentaria S. A. (BBVA) e, 42-43

caso de estudo da KPN, 112-116, 116*f*

caso de estudo do DBS, 103-112

desempenho financeiro e, 100

empresas que seguem, 101

foco dos líderes no, 117-119, 118*f,* 158, 158*f*

percentual de empresas que usam, 41, 47*f,* 101

quando usar, 46

sincronização no, 102

visão geral, 22, 41-43, 100-101

Caminho 4 (criar uma nova unidade), 121-140

avanço médio na transformação pelo, 47*f*

bancos digitais, 45

decidir como a nova unidade vai operar no, 129

decisões sobre a integração de novas e antigas unidades no, 129-130

direcionamento para o domínio do cliente e, 126, 127, 128*f,* 129

foco dos líderes no, 137-138, 138*f,* 158, 158*f*

ING Group e, 44

iniciativas bem-sucedidas de uso do, 121-124

modelos de negócio e, 124-126, 125*f*

percentual de empresas que usam, 47*f,* 124

quando usar, 46

razões das empresas para adotar, 124

visão geral, 22, 41-42

Caminho da industrialização. *Ver* caminho 1 (industrialize)

198 TI – TECNOLOGIA DA INFORMAÇÃO: Empresa Pronta para o Futuro

Caminhos para se tornar pronto para o futuro, 21*f. Ver também* caminho 1 (industrializar); caminho 2 (encantar os clientes primeiro); caminho 3 (alternar o foco como em degraus); caminho 4 (criar uma nova unidade)

acúmulo de valor e, 50-52

autoavaliação de, 59*f*

comprometer-se com, 13, 45-47, 149

escolher vários. *Ver* vários caminhos

exercício para escolher, 60

opções de escolha, 34, 45

Canadá, 44

CarMax, 28, 85-88, 149, 182*n*7

Cemex, 88-95, 96*f*, 151, 183*n*18

CEMEX Go Developer Center, 91, 93, 94

CEMEX Go, 89-90, 93

CEMEX Ventures, 94

CEO (*chief executive officer* ou presidente executivo). *Ver também* líderes e liderança; equipe da alta Administração (EAA)

caminho 4 e, 46, 137

conselhos sobre a jornada de transformação digital, 58-59

direitos de decisão e, 92

encargo de transformação do, 113-114

engajamento dos membros do conselho administrativo e, 144, 145, 146

exercício de escolher um caminho para o, 60

sistema *two-in-a-box* e, 111

CFO (diretor financeiro, caminho 2 e, 39

Charles Schwab, 10

China, 1

Cingapura, 103. *Ver também* DBS (banco)

CIO (diretor de informática ou de tecnologia da informação), 144

caminho 1 e, 36, 37, 45, 66

direitos de decisão na KPN e, 114

Principal Financial Group, 144, 145*f*

Cirurgia organizacional, 57

BBVA e, 55*f*, 56-57

caminho 1 e, 78

caminho 2 e, 98

caminho 4 e, 131, 158

CEMEX e, 94, 96*f*

começar a transformação digital com, 58

Domain e, 136*f*

eficácia ao lidar com, 53*f*

explicação, 54

foco dos líderes e, 136*f*, 151, 158*f*

KPN e, 115. 116*f*

Tetra Pak e, 74-76*f*

TradeLens e, 131

Clientes, criação e captura de valor dos, 26*f*, 27, 51, 156

caminho 1 e, 101

caminho 2 e, 28, 97

criação do painel de métricas e, 165, 166*f*

Danske Bank, 28, 37
DBS e, 107-108
de empresas prontas para o futuro
e de silos e espaguete, 157*f*
empresas do caminho 3 e, 103,
117
experiências multiproduto e, 153
foco da liderança nos, 158, 159
KPN e, 115
métricas para os, 51, 79
painel de métricas de transforma-
ção do BankCo e, 169*f*
painel de métricas e, 179
Tetra Pak e, 75
TradeLens e, 132
Climate, 175
Climate FieldView, 121, 130
Cochlear, 148
Colômbia, 45, 48-50, 123
Comer, Diane, 69
Comitê de estratégia digital, 145
Comitê executivo, 94. *Ver também*
equipe da alta administração
(EAA)
Commercial Development, 93
Commonwealth Bank of Australia,
66
Comportamento baseado em evidên-
cias, 54, 79, 151, 154, 155
Computação na nuvem, 15, 31, 67,
152
Comunicação. *Ver também* lingua-
gem comum
com os funcionários sobre o pai-
nel de métricas, 163

com os funcionários sobre o
plano da empresa, 80, 98, 99,
119, 139
empresas com vários caminhos
e, 49
Conselho administrativo, 142
Construrama Online Store, 91
COO (*chief operating officer*, diretor
de operações), caminho 1 e, 37,
66
coordenação, sincronização e,
102, 109
Copenhague, 37
Corretores de hipotecas, 10
Covid-19, pandemia de, 82, 89, 116,
123, 131
Credible, 127
Crescimento alimentado pelos clientes, 40
Crescimento da receita
caminho 2 e, 82
de empresas de experiência integrada, 17, 18*f*
de empresas de silos e espaguete,
14, 18*f*
de empresas industrializadas, 18*f*
de empresas prontas para o futuro, 12, 14, 17, 18*f*
painel de métricas da Schneider
Electric e, 164
Criação e captura de valor, 141
acumulação e acompanhamento
no decorrer do tempo, 156-162
caminho 1 e, 67, 78, 79
caminho 2 e, 83
caminho 4 e, 138

caminhos para a transformação digital e, 50-52

de clientes. *Ver* clientes, criação e captura de valor

de ecossistemas. *Ver* ecossistemas, criação e captura de valor de

de operações. *Ver* operações, criação de valor com

executivos descrevem três tipos de valor digital, 24, 25

funcionalidades básicas para, 154-156

mentalidade de plataforma e, 77-78

métricas usadas para medir o avanço em, 51

o quê e o *como* da, 159, 162, 164, 165

painel de métricas da Kaiser Permanente e, 72

pequenas e médias empresas (PME) e, 27

Tetra Pak e, 74-76

Ver também experiência do cliente; operações e eficiência operacional

visão geral, 24, 28

Criar na jornada pronta para o futuro, 13*f*, 14

Ver também funcionalidades prontas para o futuro, modelos de negócio

Criar uma nova unidade. *Ver* caminho 4

CTO (*chief technology officer*, diretor de tecnologia), 111

Cultura, mudar a, 48, 49, 57, 150. *Ver também* explosões organizacionais

D

Dados em tempo real para painel de métricas, 164, 171

DBS (banco), 10, 17, 29, 103-112, 148, 155

Dedicação a um caminho, 6, 45-48, 150

Defesa, abordagem dos membros do conselho administrativo, 144, 145

Desempenho financeiro
caminho 2 e, 82-83
caminho 3 e, 100
capturar e acompanhar com painéis de métricas, 160*f*, 161-162
entre os diversos caminhos, 67-68

Deserto da digitalização, 36, 66, 78, 84, 98

Destino preferido
caminho 4 e, 121
Maersk/TradeLens e, 130, 131-132
modelo de negócios de motor do ecossistema e, 124-126, 153
mudança de foco para, 24
para agricultores (FieldView), 121-122
para assistência médica (Good Doctor), 122
para habitação (Domain), 134-137
Shopify, 129

valor dos ecossistemas e, 26

DevOps, 70, 106

Digibank (banco móvel), 112

Digital Experience Center, Kaiser Permanente, 71

Digital Flywheel (Schneider Electric), 159, 160-161

Digital Ventures, 135

Digitalização do comércio global (*global trade digitization*, GTD), 131

Direitos de decisão
  BBVA, 55*f*, 56, 57
  Cemex e, 92
  começar a transformação digital com, 58
  concentrar-se primeiro em, 58
  Domain e, 135, 136*f*
  eficácia de lidar com os, 53*f*
  explicação, 53
  foco da liderança e, 138*f*, 150, 158, 158*f*
  funcionalidades básicas e, 170
  Kaiser Permanente e, 71
  KPN e, 113-115, 116*f*
  Tetra Pak e, 74, 76*f*
  TradeLens e, 131

Diretor de tecnologia da informação/Diretor digital/CIO, 48, 71

Domain, 24, 126, 130, 134, 135, 136*f*, 139, 151

Domain Group, 134

Domínio da habitação, 128*f*

Domínio do cliente-alvo, 126-127, 128*f*, 129

Domínios
  empresas configuradas em torno de domínios do cliente, 126, 127
  funcionalidades detalhadas, painel de métricas e, 163
  setores e, 127, 128*f*

Domínios do cliente, 126, 128*f*, 127

Dumra, Bidyut, 111

Dunkin' Brands, 10

E

Ecossistema(s). *Ver também* parceiros e parcerias
  conectar plataforma e produto ao, 133
  Domain e, 136-137
  TradeLens e, 133-134
  uso da palavra, 31

Ecossistemas, criação e captura de valor de, 26*f*, 51, 79, 156-157
  caminho 2 e, 83, 97
  caminho 4 e, 158, 158*f*, 170
  Cemex e, 90, 91
  criação do painel de métricas e, 164-165, 166*f*
  DBS e, 107, 111-112
  de empresas prontas para o futuro ou de silos e espaguete, 157*f*
  histórias de clientes e, 165-170
  Kaiser Permanente e, 71
  liderança e, 153
  métricas do, 51-52, 79
  painel de métricas da transformação do BankCo e, 169*f*
  Tetra Pak e, 75

visão geral, 26

EcoStruxture, 161

Educação

da equipe da alta administração, 141-143

dos membros do conselho administrativo e do comitê executivo, 145

Elliott, Robyn, 134

Empresas de educação

caminho 1 e, 64

caminho 4 e, 124

Empresas de experiência integrada, 21*f*

características das, 15*f*

crescimento da receita, 18*f*

localização no arcabouço pronto para o futuro, 34

margem líquida, 18*f*

percentual das empresas como, 18*f*

setores das, 19*f*

visão geral, 16-17

Empresas industrializadas, 21*f*

características das, 15*f*

crescimento da receita, 16, 18*f*

localização no arcabouço pronto para o futuro, 31*f*

margem líquida, 16, 18*f*

percentual de empresas como, 16, 18*f*

setores de, 19*f*

visão geral, 16

Empresas prontas para o futuro, 21*f*. *Ver também o nome de empresas específicas*

características das, 14

crescimento anual estimado de, 12

crescimento da receita das, 12, 14, 17, 18*f*

criação e captura de valor pelas. *Ver* criação e captura de valor

exemplos de, 17-21

liderança das. *Ver* líderes e liderança

localização no arcabouço pronto para o futuro, 31*f*

margem líquida das, 12, 17, 18*f*

metas e práticas das, 11-14

pequenas empresas como, 19

percentual das, 18*f*

receita anual estimada, 14

setores das, 19*f*

Empresas públicas e sem fins lucrativos, 19*f*, 64

Encantar os clientes primeiro. *Ver* caminho 2

Equipe da alta administração (EAA), 141

Equipes multifuncionais/multidisciplinares, 49, 54, 86

ERP (planejamento de recursos empresariais), fornecedor de, 64, 122

Escola de Administração de Nanyang, 104

Espanha, 42, 44. *Ver também* BBVA

Estratégia móvel da Kaiser Permanente, 69

Estudos de caso, 28, 173-174n5

CarMax (caminho 2), 85-88

Cemex (caminho 2), 88-96, 96*f*

DBS (caminho 3), 103-112

Domain (caminho 4), 130, 134-137, 136*f*

Kaiser Permanente (caminho 1), 72-68

KPN (caminho 3), 103, 112, 115, 116*f*

membros do conselho administrativo do Principal Financial Group, 144

Schneider Electric (painel de métricas), 160-162

Tetra Pak (caminho 1), 68, 72-75

TradeLens (caminho 4), 130-134

Euromoney, 104

Expectativa de explosões organizacionais, 13*f*, 146, 150

Experiência do cliente, 14

caminho 1 e, 36

caminho 2 e, 22, 39, 40

caminho 3 e, 22

com empresas de experiência integrada, 16

com empresas de silos e espaguete, 14, 15f

com empresas industrializadas, 16

equipes multifuncionais e, 86

estabelecer onde está sua empresa na, 29, 30*f*

KPN e, 113, 115, 116

modelos de negócio que vão na direção do cliente e que se afastam do cliente, 11

mudar para experiências digitais integradas, 24

multiproduto, 153

multiproduto quando se usam vários caminhos, 50

no arcabouço pronto para o futuro, 14

Tetra Pak e, 73

Explosões organizacionais, 13, 23-24, 35*f. Ver também* direitos de decisão

autoavaliação de como a sua empresa administrou as, 60, 61*f*

CarMax e, 85-89

Cemex e, 91-94, 96*f*

cirurgia organizacional e. *Ver* cirurgia organizacional

direitos de decisão e. *Ver* direitos de decisão

eficácia ao lidar com, 53*f*

gestão pela Tetra Pak, 72, 73-75, 76*f*

gestão pelo BBVA, 55-58, 55*f*

gestão pelos líderes, 137, 150-151

mentalidade de plataforma e. *Ver* mentalidade de plataforma

modos de administrar, 53-55, 53*f*

mudança de cultura e, 150

na Domain, 135-136, 136*f*

novos modos de trabalhar e. *Ver* novos modos de trabalhar

F

Facebook, 10

Fairfax Media, 130, 134-135

Fairfax Radio, 135

Farwerck, Joost, 116-117

204 TI – TECNOLOGIA DA INFORMAÇÃO: Empresa Pronta para o Futuro

Fase de exploração da inovação rápida (caminho 1), 67

Fase de inovação rápida
caminho 1 e, 35, 64, 67, 78-79
Kaiser Permanente e, 71

Fidelity Investments, 9, 126, 127

Forrester Research, 56

Funahashi, Tadashi, 70

Funcionalidades básicas, 154-156, 157*f*, 167*f*, 168*f*, 169*f*, 170

Funcionalidades do ecossistema, painel de métricas e, 157*f*, 156-158, 167*f*, 168*f*, 169*f*

Funcionalidades operacionais (nota), 157*f*, 167*f*, 168*f*, 169*f*

Funcionalidades para o cliente (nota), 157*f*, 167*f*, 168*f*, 169*f*

Funcionalidades prontas para o futuro, 24. *Ver também* criação e captura de valor
básicas, 154-156, 157*f*, 165, 167*f*, 168*f*, 169*f*, 170
empresas de silos e espaguete comparadas às, 157*f*
identificação das, 213*n*15
painéis de métricas e, 163-166,166*f*, 167*f*, 168*f*, 169*f*
papel do líder na criação das, 151-156

Funcionários. *Ver também* novos modos de trabalhar
caminho 2 e experiência do cliente, 83
comunicação sobre o painel de métricas com os, 163

direitos de decisão na KPN, 114-115
engajar-se na transformação digital, 92
experiência do cliente e heroísmo dos, 15, 39
explicar o propósito da empresa aos, 13
líderes que vinculam as metas da empresa aos, 155
motivação da DBS, 108
papel da liderança na capacitação dos, 154-156
participação na transformação digital, 92

G

GANDALF (Google, Amazon, Netflix, DBS, Apple, LinkedIn, Facebook), 105, 106, 108-109

Gestão de Valor e Análise de Dados, grupo da Kaiser Permanente, 71

Gestão/administração. *Ver também* líderes e liderança
estilo de gestão de ordenar e controlar, 49-50, 155
painéis de métricas usados na, 163
sistema de gestão do concreto usinado, 90

Gledhill, David,

Global Finance, 104

Global Journeys Catalog (BBVA), 57

González, Fernando A., 88, 91, 95

González, Francisco, 56

Good Doctor, plataforma, 122

Grandes empresas

 captura de valor, 27

 desafios da jornada pronta para o futuro, 20

 empresas de silos e espaguete e, 14

 escolha de um caminho primário, 46

 modelo de negócio e, 124

 vários caminhos e, 49

GTD Solution Inc., 131-133

Gupta, Piyush, 104, 112

H

Harte, Michael, 66

HeartWise, aplicativo, 70

Heineken, 129

Heinz, 129

Hernandez, Luis, 90

Hipotecas, 10

Hong, Lee Yan, 106, 109

Hoving, Bouke, 113

I

IBM, 130-132

Índia, 106, 112

Indicadores-chave de desempenho (*key performance indicators*, KPI), 107, 111, 155

Indústria 4.0, 73, 75

Indústria pesada

 caminho 2, 82

 caminho 4 e, 124

diferença entre os setores no arcabouço pronto para o futuro e, 19*f*

domínio da habitação e, 128*f*

Industrialização. *Ver também* caminho 1 (industrializar)

 caminho 2 (encantar os clientes primeiro) e, 39, 40

 mBank e, 40

Indústrias

 caminho 1 e, 63-64, 77-78

 caminho 2 e, 82-83

 caminho 4 e, 124

 diferença entre os setores no arcabouço pronto para o futuro e, 19*f*

 domínio da habitação e, 128*f*

ING Direct, 44, 130

ING Group, 28, 44, 130

Iniciativas digitais

 caminho 3 e, 102

 caminho 4, 121-123

 criar valor com, 24

Inovações digitais

 aproveitar no uso de vários caminhos, 50

 caminho 2, 83

 da CarMax, 85-86

 da Cemex, 90-91

 da Kaiser Permanente, 68-72

 do DBS, 111-112

 percentual de receita das, 160*f*

 sincronização e, 102, 111-112

Inovações. *Ver* inovações digitais

206 TI – TECNOLOGIA DA INFORMAÇÃO: Empresa Pronta para o Futuro

Instant Offer Appraisal, ferramenta, 85

Inteligência artificial (IA), 65, 66, 90, 112, 122

Inteligência digital, equipe da alta administração e, 141

Interface de programação de aplicativos (API), 12, 22, 66
ambidesteridade e, 152
caminho 1 e, 21, 21f, 35
caminho 3 e, 21f, 22, 41, 43, 102
classificar a eficiência operacional da sua empresa e, 29, 30f
DBS e, 107, 112
definição, 173n4
empresas produtoras modulares e, 125f, 126
KPN e, 115
parcerias digitais e, 123, 154
uso pela Cemex, 91

IoT (Internet das Coisas), 9, 73, 127, 161

Itália, 44

J

Joias da coroa, 35, 64, 65, 80, 99, 119, 151, 152

Jönsson, Dennis, 73

Jornada da habitação, Domain e, 134-137

K

Kabbage, 126

Kaiser Permanente, 28, 68-72

KP Digital, 71

KPN, 29, 103, 112-117, 116f, 117, 151

L

Liden, Goren, 75

Líderes e liderança. *Ver também* CEO (*chief executive officer* ou presidente executivo); altos executivos
acumular e acompanhar o valor, 156. *Ver também* painéis de métricas
caminho 1 e, 66-67
criação de funcionalidades, 151-152
desenvolver uma linguagem em comum, 59, 93, 144
deserto da digitalização e, 38, 78
equipe da alta administração (EAA), 141-142
escolher e se comprometer com um caminho, 45-48, 145
foco no caminho 1, 77, 77f, 158, 158f
foco no caminho 2, 95-98, 96f, 98f, 158, 158f
foco no caminho 3, 117-118, 118f, 158, 158f
foco no caminho 4, 137-138, 138f, 158, 158f
gestão das explosões organizacionais, 150-151
membros do conselho administrativo e, 142-146
motivar com um propósito forte, 147-149
responsabilidades dos, 146, 147f

Linguagem comum, 6, 30-33, 45-48, 59, 145

Lütke, Tobi, 127

Lyski, Jim, 86

M

Maersk, 131, 133

Margem líquida
avaliação pronta para o futuro e, 45
de empresas de experiência integrada, 17, 18*f*
de empresas de silos e espaguete, 18*f*
de empresas industrializadas, 16, 18*f*
de empresas prontas para o futuro, 12, 18*f*, 17
de empresas que tinham 50% da transformação digital concluídos, 48

Mastercard, 66

MBank, 28, 40, 176*n*11

Melhor arquitetura de solução, 21, 36

Melhor Banco, Transformação, estratégia do Danske Bank, 38

Melhores práticas, 28, 49

Menéndez, Sergio, 91

Metas
de empresas que fazem a transformação dos negócios, 12
do mBank, 40
vincular o comportamento individual e de equipe às metas da empresa, 155

Métodos/equipes ágeis, 12, 36, 40, 49, 57, 67, 75, 92, 97, 114, 115

Métricas. *Ver também* clientes, criação e captura de valor dos; ecossistemas, criação e captura de valor dos; Margem líquida; *net-promoter score* (NPS); operações, criação de valor com
painel de métricas da Kaiser Permanente, 72
painel de métricas do BankCo e, 51

Meyer, Mark, 74

Microsoft Azure, 122

Microsoft, 10, 75

Microsserviços, 21, 36, 66

Mineração, petróleo e gás, setor de, 19*f*
caminho 4 e, 124

MIT CISR
2019 TMT and Transformation Survey, 18*f*, 26*f*, 53*f*, 59*f*, 61*f*, 77*f*, 97*f*, 118*f*, 128*f*, 138*f*, 157*f*, 158*f*, 160*f*, 167*f*, 169*f*, 173-174*n*5, 178*n*30, 184*n*1, 191*n*15
oficinas, 31
pesquisa sobre equipe da alta administração (EAA), 141
pesquisas, 15*f*, 18*f*, 21*f*, 30*f*, 47*f*
projetos de pesquisa, 173-174*n*5

MobilePay, 37

Modelo de negócios de fornecedor, 125*f*, 126

Modelo de negócios onicanal e experiência do cliente, 22, 41, 125*f*, 126

208 TI – TECNOLOGIA DA INFORMAÇÃO: Empresa Pronta para o Futuro

CarMax e, 85-86
Cemex e, 89-93
Modelos de negócio
    caminho 4 e, 121, 124-126, 125*f*
    ir na direção ou se afastar do
        cliente, 11
    motor do ecossistema, 124-126,
        125*f*
Mohammad, Shamim, 86
Motivar/motivação
    articulação entre o propósito da
        firma e, 13
    explicação de, 12-13
    pelos líderes com um forte propó-
        sito, 147-149
    sincronização e, 108-109
    sincronizar e, 103
Mott, Laurence, 75
Mudança organizacional. *Ver* explo-
    sões organizacionais

N

National Australia Bank, 45
Nelson, Ryan, 86
Nequi (banco digital), 45, 48-49, 123,
    130
Netflix, 113
Net-promoter score (NPS)
    avaliação com base em, 45
    caminho 2 e, 81, 93
    definição, 176*n*16
    do BBVA, 42
Next (Bradesco), 45, 123
NextJoy, 123
NextShop, 123

Novos modos de trabalhar
    caminho 1 e, 67, 78-79
    caminho 2 e, 92-93, 96*f*, 97
    caminho 3 e, 114, 116*f*, 117-118
    caminho 4 e, 135, 136*f*
    CarMax e, 86
    Cemex e, 92-95, 96*f*
    Danske Bank, 37
    Domain e, 135-137, 136*f*
    eficácia ao lidar com, 53*f*
    foco dos líderes e, 138*f*, 150-151,
        158*f*
    Kaiser Permanente e, 70
    KPN e, 114, 116*f*
    Tetra Pak e, 74-75, 76*f*
    uso pelo BBVA, 55*f*, 56-57
    visão geral, 53-54

O

Oficina(s)
    desenvolver uma linguagem em
        comum e, 31
    manual baseado em, 12
    pesquisa de opinião em, 32
    uso pela Cemex, 93
OKR (objetivos e resultados essen-
    ciais), 86
Okta, 126
Openbank (banco digital), 45
Operações, criação de valor com,
    156
    ambidesteridade e, 152
    caminho 1 e, 102
    caminho 2 e, 83, 97
    caminho 3 e, 103, 118

criação do painel de métricas e,
165, 166*f*

DBS e, 104-105

de empresas prontas para o futuro
e de silos e espaguete, 157*f*

foco dos líderes em, 156-158, 158*f*

KPN e, 115

métrica de, 51

painel de métricas e, 178

painel de métricas da transformação do BankCo e, 169*f*

serviços modularizados e, 152

TradeLens e, 132

Operações e eficiência operacional, 14

caminho 1 e, 35

caminho 2 e, 38

caminho 3 e, 22

classificar onde a sua empresa está
com, 29, 30*f*

empresas industrializadas e, 16

KPN e, 113-114

nas empresas prontas para o
futuro, 17

no arcabouço pronto para o futuro, 14, 15*f*

Tetra Pak e, 73

Orange S. A., 40

Ordenar e controlar, estilo de administração, 50, 155

Órgão da receita australiana (Australian Tax Office), 65

Over-the-top, empresas, 113, 186*n*27

P

Painel de métricas, 5, 159-171

que e *como* da criação de valor,
159, 161, 162, 164, 165

caminho 2 e, 96

caminho 4 e, 138

cinco lições para a eficácia do,
162-164

criação de valor e, 51

criação do seu, 164, 166*f*, 167*f*,
168*f*, 170

da Schneider Electric, 159, 160,
161, 162

do BankCo, 51, 169*f*

Kaiser Permanente, 72-71

medição do desempenho e, 159,
160*f*

mentalidade de plataforma com
(CarMax), 85-86, 87-88

usado para administrar a empresa, 163

Países Baixos, 44, 103, 113

Parceiros e parcerias, 12, 154

BankCo e, 49

da CEMEX, 93

da Climate LLC, 121

da Domain, 134, 136

da Kaiser Permanente, 70-71, 72

da Maersk/TradeLens, 131-133

da Shopify, 129

da Tetra Pak, 72-76

do DBS, 112

ecossistemas/criação de valor com
ecossistemas e, 26, 107, 133

exemplos, 1-2

mBank e, 40

novos modos de trabalhar e,
54

210 TI – TECNOLOGIA DA INFORMAÇÃO: Empresa Pronta para o Futuro

Parcerias/colaborações em tempo real, 9, 24

Pauta, criação pelos membros do conselho administrativo, 144

PayPal, 126, 154

Pesquisa de opinião, 32

Ping An, 127

Plataforma(s)

    caminho 1 e, 21, 77, 158, 158*f*

    caminho 1 e, 35, 63

    caminho 2 e, 98

    caminho 3 e, 103, 115

    caminho 4 e, 137

    CarMax e, 85, 93

    Cemex e, 93, 96*f*

    com painéis de métricas (CarMax), 87-88

    conectar produtos e ecossistema à, 133

    criação no caminho 1, 77

    DBS e, 103, 105

    diversos usos da palavra, 31

    Domain e, 136*f*, 136-137

    eficácia ao lidar com, 53*f*

    explosões organizacionais e, 55

    foco dos líderes e, 137, 138*f*, 150, 156, 158*f*

    funcionalidades básicas e, 170

    joias da coroa e, 64, 119

    Kaiser Permanente e, 69

    KPN e, 114-115, 116*f*

    mentalidade de plataforma na TradeLens/GTD Solution, 133

    princípios de projeto para estar pronto para o futuro, 65*f*, 66

    reorganização do DBS, 109-111, 110*f*, 117

    Tetra Pak e, 76*f*

    uso pelo BBVA, 55*f*, 56

    visão geral, 54, 151

Plataformas capacitadoras da empresa, 110, 110*f*

Plataformas compartilhadas com empresas, 109-110, 110*f*

Plataformas de apoio à empresa, 110, 110*f*

Plataformas de negócio, 109

PME (pequenas e médias empresas)

    criação/captura de valor e, 27

    DBS e empréstimos a, 112

    diferenças no arcabouço pronto para o futuro e, 19

    uso de vários caminhos, 46

Polônia, 40

Ponto de vista de fora para dentro, 83

Principal Financial Group, 144-146, 149

Processos/sistemas legados

    caminho 1 e, 21, 36, 49

    caminho 3 e, 22, 41

    caminho 4 e, 22

Produtores modulares (modelo de negócio), 27, 125, 125*f*, 126, 153, 175*n*12

Produtos para venda cruzada, 11, 25, 107, 160*f*

Pronta para o futuro

    caminhos para ficar. *Ver* caminho 1 (industrializar); caminho 2 (encantar os clientes primeiro); caminho 3 (alternar o foco como em degraus); caminho 4 (criar uma nova unidade)

percentual de empresas, 17

prazo para ficar, 171

Propósito

articulação do propósito da empresa, 13

criação de valor com os clientes e, 153

motivar com um forte, 147-149

Propulsor do ecossistema, modelo de negócio, 124-127, 125f, 153

Puranick, Gautam, 87

Q

Qual o seu modelo digital de negócio? (Weill e Woerner), 124

R

Real Estate Australia, 135

Reino Unido, 10, 44

Replataforma, 28, 64-66, 82, 84, 98

Reúso de plataformas/serviços, 12, 36, 37, 42, 78, 80, 82-83

Reynolds, Peter, 66

Ross, Jeanne, 86

S

Samsung, 70

Santander, 45, 66

Schneider Electric, 127, 142

painel de métricas da, 159, 160, 162

propósito da, 148

Scholten, Gary, 144

Serviços digitais *plug and play*, 11, 37, 125, 175n12

Serviços financeiros. *Ver também* bancos e serviços bancários

caminho 4 e, 124

diferenças entre os setores do arcabouço pronto para o futuro e, 19f

domínio da habitação e, 128f

next (plataforma digital), 123

Serviços imobiliários, 134-137

Serviços modularizados, 35-36, 65

Setor(es)

diferença de distribuição de, 18, 19f

domínios e, 127, 128f

escolha do caminho 1 (industrializar), 64

escolha do caminho 3 (alternar o foco como em degraus), 101

escolha do caminho 4 (criar uma nova unidade), 123

Setor automotivo, 85, 88

Setor de bens de consumo

arcabouço pronto para o futuro, diferenças entre setores e, 19f

caminho 2 e, 83

caminho 4 e, 124

domínio da habitação e, 128f

Setor de construção civil. *Ver* CEMEX Construrama, 91

Setor de serviços

caminho 2 e, 82

212 TI – TECNOLOGIA DA INFORMAÇÃO: Empresa Pronta para o Futuro

diferenças entre os setores no arcabouço pronto para o futuro e, 19f

domínio da habitação e, 128f

Setor de tecnologia, 19f, 64. *Ver também* TI e serviços de comunicação

Setor de transporte de cargas, 131-134

Setor/empresas de seguros

caminho 2 e, 82

caminho 4 e, 121

domínio da habitação e, 128f

uso do caminho 1, 63-64

Shopify, 129

Shopify Experts Marketplace, 129

Sia, Siew Kien, 104, 184-185n4

Silos, 14

Silos e espaguete, empresas, 21f, 156

características de, 15f

crescimento da receita de, 16, 18f

empresas grandes e, 20

empresas menores como, 19

funcionalidades prontas para o futuro e, 154, 157f

localização no arcabouço pronto para o futuro, 31f

margem líquida, 18f

percentual de empresas, 18ff

setores em, 19f

visão geral, 14-16

Simplificação e inovação (S&I) na KPN, 113-115

Sincronização no caminho 3 (alternar o foco como em degraus), 102, 108-112

Single development agenda (SDA, agenda única de desenvolvimento), 43

Sistema de gestão de concreto usinado (RMS) (Cemex), 91

Sistema Norte-Americano de Classificação de Setores (North American Industry Classification System, NAICS), 184n1

Skou, Søren, 132

Skype, 113

SmartOps (Cemex), 94

Software como serviço (SaaS), 90

Sosa, Fausto, 94

Spotify, 113

Standard Bank Group, 147, 153

Supervisão, abordagem dos membros do conselho administrativo, 143, 144-145

T

Tally, 112

Tecnologia financeira (*fintech*), ameaças da, 40, 104

Telecomunicação e mídia. *Ver também* KPN, diferenças entre os setores no arcabouço pronto para o futuro e, 19f

caminho 4 e, 124

domínio da habitação e, 128f

Teste A/B, 79

Tetra Laval Group, 72

Tetra Pak, 28, 72-79

TI e serviços de comunicação

diferença entre os setores no arcabouço pronto para o futuro e, 19*f*

domínio da habitação e, 128*f*

estudo de caso da KPN, 112-119

Torres, Carlos, 42, 56

Toyota, 43

TradeLens, 29, 126, 130-134, 148

Transporte global de cargas, 131-134,148

Treinamento, 50

Treinar e comunicar, estilo de liderança, 50, 155

Tricoire, Jean-Pascal, 142, 163

Two-in-a-box, sistema/abordagem, 111, 185-186*n*18

U

UBank (banco digital), 45

V

Van der Meulen, Nick, 185*n*24

Vários caminhos bem coordenados, 47*f*, 48, 60, 150

Vários caminhos descoordenados, 47*f*, 48, 180

Vários caminhos

avanço médio na transformação usando, 47*f*

bem coordenados, 47*f*, 48-49

comprometer-se com um caminho e, 159

descoordenados, 47*f*, 48, 150

gerenciar a transformação em, 49-50

percentual de empresas que usam, 47*f*

usados pelo Bancolombia, 48-49

usados pelo BankCo, 49

Vemana, Prat, 69, 71

Viagens de imersão digital, 145

Vila, Carlos Torres, 56

Visa, 10

Vogelzang, Chris, 38

W

Walmart, 129

WeChat, 54

Weill, Peter, 184-185*n*4

WhatsApp, 117

Working Smarter (Cemex), 94

Agradecimentos

Escrever um livro pode ser um processo solitário, mas tivemos a sorte de passar pela experiência oposta: estávamos cercados de pessoas maravilhosas. Fomos levados pelo desejo de entender como as empresas podem ter sucesso na Era Digital. O que nos capacitou foi fazer parte do MIT Center for Information Systems Research (CISR). O MIT CISR, que comemora seu quinquagésimo aniversário em 2024, é um centro de pesquisas da Escola Sloan de Administração. Estudamos como as empresas maiores vão prosperar na próxima era de mudança tecnológica. Temos uma comunidade global maravilhosa, com cerca de 85 empresas-membros (veja cisr.mit.edu). A combinação da forte cultura de pesquisa do MIT e a boa vontade, a generosidade e a abertura das empresas com que trabalhamos é que possibilita a pesquisa descrita neste livro. Além de nos envolver com os patrocinadores e patronos do MIT CISR, estudamos mais de duas mil empresas e entrevistamos mais de cem executivos, e todos dividiram conosco suas ideias. Agradecemos a todos os envolvidos pela contribuição fundamental.

Temos sorte e orgulho de trabalhar num ambiente de pesquisa rico e empolgante como o MIT. Fomos beneficiados pela liderança, pelo apoio e pelo incentivo de David Schmittlein e Ezra Zuckerman Sivan, vice-reitores da Escola Sloan do MIT, e de Wanda Orlikowski, Stuart Madnick, Thomas Malone e Sinan Aral, nossos colegas do grupo de professores de TI. É um prazer trabalhar com todos vocês.

Tivemos a satisfação de trabalhar outra vez com Jeff Kehoe e toda a equipe da Harvard Business Review Press (este é o nosso sétimo livro juntos). As sugestões de Jeff fortaleceram o livro e ajudaram a torná-lo mais

216 TI – TECNOLOGIA DA INFORMAÇÃO: Empresa Pronta para o Futuro

atraente. Um grande muito obrigado aos seis revisores anônimos; seus comentários destacaram áreas do livro que precisavam de aprimoramento. Trabalhamos com uma ótima equipe gráfica: Boudewijn van Diepen, do Studio van Diepen, e Vincent Meertens, da TIN. Eles fizeram boas perguntas, nos obrigaram a pensar no que realmente queríamos transmitir e, depois, criaram gráficos que deram destaque ao texto. E ficamos empolgados por trabalhar com Veronica Kido, da Kido Communications, na divulgação do livro.

Cada membro do MIT CISR é um grande colega. A equipe de pesquisa do MIT CISR — Wanda Orlikowski, Barb Wixom, Nils Fonstad, Nick van der Meulen, Cynthia Beath e, mais recentemente, Kristine Dery, Jeanne Ross e Aman Shah — nos incentiva, debate conosco e nos ajuda a esclarecer as ideias. A equipe administrativa do MIT CISR está entre as melhores do setor. Chris Foglia, Dorothea Gray, Cheryl Miller e, até recentemente, Leslie Owens e Amber Franey se comunicam com patrocinadores e patronos, planejam eventos, dão suporte aos projetos de pesquisa, divulgam os resultados das pesquisas e, em geral, cuidam de tudo o que é necessário. Não conseguiríamos pesquisar nem ter um centro de pesquisas sem essa parceria. Não temos como agradecer o suficiente! Cheryl Miller também assumiu a tarefa de nos ajudar a encontrar e gerenciar uma equipe gráfica. Pôr os gráficos em forma foi um trabalho criativo e detalhado e admiramos o esforço de Cheryl; ele é visível.

Estamos muito gratos ao apoio das empresas que hoje são patronos e patrocinadores do MIT CISR. Essas grandes empresas são o núcleo da comunidade MIT CISR, e seu apoio vai além do financiamento da pesquisa: elas dão acesso, fornecem dados e concordam em ser exemplos de estudos de caso. Ficamos honrados com a oportunidade de trabalhar com seus líderes. Eles são apaixonados pelos desafios e oportunidades criados pelas tecnologias digitais e têm boa vontade em dividir suas experiências, que nos ajudam a desenvolver ideias e entender as melhores práticas. Trocamos ideias e trabalhamos com eles para identificar as grandes questões que suas empresas enfrentam. O mais importante é que realizamos oficinas nos seus escritórios e pela internet para realmente mergulhar no modo como enfrentam esses problemas e combinamos nossa pesquisa com a experiência deles. É um privilégio trabalhar com eles, e é essencial no nosso processo de pesquisa. A iteração de apresentações, oficinas, discussões, debates e, de vez em quando, uma briga é que nos ajuda a refinar as ideias e encontrar as mensagens fundamentais. Os últimos dois anos foram especialmente desafiadores para nossas empresas-membros. Cada uma delas teve de mudar de rumo por causa da covid-19, em geral acelerando os planos de transformação em meses e até anos, e o tempo e a atenção estavam em falta.

Para todos os que nos ajudaram debatendo ideias, descrevendo experiências e dividindo as lições aprendidas: obrigado. Um obrigado especial às empresas que permitiram que contássemos sua história. Essas histórias fazem a arquitetura tomar vida e motivam outros a seguir o exemplo. Acreditamos que este livro transmite de forma adequada as suas ideias e constitui uma ferramenta útil para todas as empresas na jornada para se tornarem prontas para o futuro.

Nota pessoal de Stephanie

Quero começar agradecendo a Peter e Ina. Peter e eu somos parceiros de pesquisa há mais de quinze anos, e trabalhar e fazer *brainstorming* com Peter é empolgante, intelectualmente compensador e, mais do que tudo, divertido! Peter tem a habilidade sobrenatural de farejar ideias provocadoras, em geral baseadas nas suas oficinas mais recentes; ele as leva às nossas reuniões para debatermos os conceitos e experimentar novos modos de medir para fazer a pesquisa avançar. Gosto que ele testa meu pensamento e me incentiva a ir além. No entanto, eu seria omissa se alguém achasse que nossa parceria é só de trabalho. Peter e eu amamos cozinhar, e nunca sei quando uma foto do novo prato que ele está preparando vai aparecer em minhas mensagens. Ina começou a trabalhar conosco num projeto de pesquisa sobre parcerias e ecossistemas. Ela é uma escritora de casos fantástica, ótima para registrar os detalhes e a complexidade de cada um. Foi uma alegria trabalhar com Ina e Peter neste livro.

Meus colegas do MIT CISR me apoiam e incentivam, fazem críticas ao meu trabalho, me ajudam a descobrir aonde levar a pesquisa e tornam o trabalho melhor. Obrigada a todos.

A minha família dá significado à minha vida. Hoje, meus filhos Max, Jack e Zoe e a minha nora Chris são todos adultos, e tem sido gratificante observá-los criar seu caminho pelo mundo. Eu me orgulho muito deles e fico encantada com quem são. Os meus pais Charles e Judith Woerner sempre me deram amor incondicional. Eu não poderia desejar pais melhores. Tenho a sorte de ter como sogros John e Pris Chase. Minha sogra faleceu durante a revisão deste livro, e foi um privilégio para mim e meu marido podermos ficar com ela e lhe dar apoio nos últimos meses. Eu e meus irmãos — Charlie, Susan, Mary, Teresa e Ruth — ficamos ainda mais íntimos durante a pandemia. Fico contente de termos priorizado as conversas regulares entre nós nas ligações familiares semanais e adoro o grupo de mensagens da família; é uma troca constante de informações importantes, detalhes cotidianos e comemorações intermitentes.

A pandemia de covid-19 foi solitária e isoladora, e a conexão com amigos e parentes (obrigada, Zoom) ajudou imensamente. Lot e Sheri Bates foram vizinhos incríveis; cuidaram de nossos filhos e animais no decorrer dos anos (e nós dos deles), têm uma chave extra de nossa casa e estão sempre por perto quando precisamos de ajuda ou queremos conversar. Tive papos animados sobre trabalho, filhos, artesanato e culinária com Tina Underwood e Susie Hebert, e em breve espero vê-las pessoalmente. Meu grupo de leitura — Ariane Belkadi, Peggy Boning, Karen Estrella e Sally Shelton — foi um petisco mensal que aguardei com expectativa. Carol Faulkner, minha professora de ioga não muito afeita à tecnologia digital, dedicou-se a aprender a conduzir as aulas pela internet, e valorizo muito o espaço que ela criou e o apoio que todos os alunos deram uns aos outros. Sou grata a todos vocês.

Também gostaria de agradecer a vários profissionais que muito contribuíram para o meu trabalho e a minha vida pessoal. Há muito tempo a Dra. Eleanor Counselman é ouvinte e conselheira e me ajuda a me entender melhor. A Dra. Pamela Enders é a minha *coach* executiva, que me incentiva e me aconselha quando abordo os desafios profissionais. Recentemente, comecei a trabalhar com Jed Diamond, diretor de artes cênicas do campus de Knoxville da Universidade do Tennessee, e não sabia que a minha voz conseguiria fazer as coisas que ele me ensinou.

Vou terminar com um grande agradecimento ao meu marido David Chase por todo o seu amor, apoio e estímulo. Criar uma família e trabalhar em horário integral é um desafio, e David tem sido parceiro em todas as lutas e alegrias. Eu me divirto muito conversando e trocando ideias com ele.

Mal posso esperar para viajarmos, explorarmos e passarmos ainda mais tempo juntos. Beijos e abraços, David!

Nota pessoal de Peter

Enquanto comemoro o vigésimo segundo aniversário no MIT e termino meu décimo livro, reflito sobre a jornada maravilhosa que tem sido. É um privilégio e uma busca empolgante tentar entender a resposta a uma pergunta: Como as empresas maiores criam mais valor de negócio com a tecnologia e, mais recentemente, como prosperam na época dos ecossistemas digitais? O fascinante na busca dessa resposta é que alguns aspectos do sucesso não mudaram em todos esses anos (por exemplo, a capacidade de adotar a mudança), enquanto outros, como a tecnologia e as parcerias, mudaram radicalmente na Era Digital (modelos de negócio, serviços na nuvem e parcerias digitais, entre outros).

O estágio básico dessa jornada maravilhosa começou quando eu fazia doutorado no departamento de sistemas de informação da Escola Stern de Administração da Universidade de Nova York. Tive o privilégio de trabalhar com algumas das melhores pessoas do campus e receber seu apoio enquanto aprendia a pesquisar. Um muito obrigado a Hank Lucas, Jon Turner, Margrethe Olson, Ted Stohr, Wanda Orlikowski e Ken Laudon (falecido).

Foi um grande prazer seguir nesta jornada com Stephanie e Ina. Stephanie e eu trabalhamos juntos há mais de quinze anos. Este é nosso segundo livro, e escrevemos muitos artigos e resumos de pesquisas do MIT CISR. Complementamos bastante bem as habilidades um do outro, e sempre aprecio nossas muitas reuniões de pesquisa para debater questões, analisar dados, extrair ideias e simplificar mensagens. Stephanie é a analista de dados mais talentosa com quem já trabalhei e consegue fazer até os dados mais relutantes contar sua história. Mas talvez sua capacidade de gerenciar vários projetos e lidar com os reveses e desafios inevitáveis que sempre surgem nos nossos projetos de pesquisa com alegria e só uma praguinha de vez em quando seja o que a torna tão produtiva e uma ótima colega.

Neste livro, recebemos Ina na equipe, uma talentosa pesquisadora de casos e tem grande capacidade de cristalizar as mensagens fundamentais que ajudam os estudos de caso a contar histórias, em vez de só relatar os fatos.

220 TI – TECNOLOGIA DA INFORMAÇÃO: Empresa Pronta para o Futuro

Um imenso agradecimento a Dorothea Gray. Como no último livro, Dorothea fez muitas contribuições a este livro, e talvez o mais difícil tenha sido me organizar. Além disso, ela fez pesquisas, marcou entrevistas, criou *slides*, produziu transcrições, criou material para apresentações, montou inúmeras oficinas e palestras e trabalhou com muitos conselhos administrativos, CEO e líderes tecnológicos de nossas empresas-membros. Com ela, tudo parece fácil, apesar do equilíbrio de várias prioridades, prazos conflitantes e agendas inviáveis, obrigado!

Nos vinte anos que estou no MIT CISR, Chris Foglia foi meu maravilhoso colega, diretor associado, confidente, conselheiro e parceiro completamente confiável e inspirador. Obrigado, Chris, por tudo o que faz pelo MIT CISR. Boa parte do sucesso do MIT CISR se deve a você.

Obrigado a seis profissionais supertalentosos sem os quais eu não conseguiria produzir este livro nem fazer muitas outras coisas. Obrigado ao Dr. Dean Eliott, da clínica Massachusetts Eye and Ear, que restaurou a visão do meu olho esquerdo e ajudou muitíssimos pacientes. A Tim Schleiger, diretor e fundador, e Alannah Miller, professora de pilates da Sports Clinic of Melbourne: obrigado por me manter pronto para o próximo serviço. Muito obrigado ao amigo vitalício Jed Diamond, diretor de artes cênicas do campus de Knoxville da Universidade do Tennessee, e à Dra. Debbie Phyland, da Voice Medicine Australia, por fazer minha voz funcionar direito apesar de eu falar demais; e a John Sarno (falecido), da NYU, por ser pioneiro do entendimento corpo-mente e por curar a dor nas costas.

Gostaria de dedicar este livro a Emily e Parker, os dois membros mais novos do clã Weill australiano, e a Charlotte e Ava Leski. Realmente, é para vocês e para sua geração que trabalhamos para entender como fazer um futuro melhor. E a todos os outros membros da minha família australiana: Steve, Lois, David, Marta, Simon, Amy e Olivia — obrigado por ajudar a fazer tudo isso valer a pena.

Calorosas boas-vindas ao mundo para as gêmeas Leski. Tenho a sensação de que, como seus pais Adam e Bec, vocês serão divas digitais e nos levarão ao próximo nível de inteligência digital.

À minha esposa Margi Olson, meu verdadeiro amor e parceira na vida: um grande abraço e obrigado. Obrigado por dar um jeito de gostar de nossa agenda maluca de viagens pelo globo e por tornar tudo divertido.

Obrigado por sempre querer entender o que eu falava, mesmo quando ainda estava formando as ideias. Obrigado por me incentivar a seguir nessa jornada de descoberta e ser minha parceira pelo caminho. Mal posso esperar os muitos passeios juntos para discutir a próxima grande questão que nos fascina.

Nota pessoal de Ina

Obrigada aos meus coautores Stephanie Woerner e Peter Weill pela colaboração inspiradora neste livro e em outras pesquisas do MIT CISR. Sou muito grata aos meus colegas e mentores no MIT CISR, principalmente aos mencionados em nossos agradecimentos em comum. O meu trabalho também se beneficiou muito da orientação de outros mentores e amigos. Gostaria de agradecer especificamente a Elizabeth Davidson e Jody Hoffer Gittell pelo apoio. Agradeço a meu marido Benjamin Okun, à minha mãe Ursula Sebastian e a meu pai Dr. Hans-Jürgen Sebastian pelo amor e pelo apoio. Ao meu pai: que sorte a minha ter você! Sinto mais sua falta do que as palavras conseguiriam descrever.

Sobre os autores

STEPHANIE L. WOERNER

Stephanie é diretora e cientista pesquisadora do Center for Information Systems Research (CISR) da Escola Sloan de Administração do MIT. O MIT CISR tem cerca de 85 empresas-membros no mundo inteiro, que usam, debatem, apoiam e participam da pesquisa. Stephanie estuda como as empresas usam os dados e a tecnologia para criar modelos de negócio mais eficazes e como administram a mudança organizacional associada. Entre seus artigos em colaboração, estão "Thriving in an Increasingly Digital Ecosystem" (considerado um dos principais artigos da década pela revista *Sloan Management Review*), "It Pays to Have a Digitally Savvy Board" e "Does Your C-Suite Have Enough Digital Smarts?", na *SMR*. Em 2018, Stephanie e Peter Weill publicaram *What's Your Digital Business Model? Six Questions to Help You Build the Next-Generation Enterprise* (Harvard Business Review Press, 2018; no Brasil: ***Qual o seu modelo digital de negócio? 6 perguntas para ajudar a construir a empresa de próxima geração***, M.Books, 2019).

Stephanie fez apresentações e oficinas para equipes da alta administração e conselhos administrativos de grandes empresas globais, foi especialista no tema do CEO Council do *Wall Street Journal* e moderou várias mesas-redondas, inclusive uma sobre o futuro dos serviços financeiros para o Federal Reserve. É Doutora em Comportamento Organizacional pela Escola de Administração da Universidade de Stanford.

PETER WEILL

Peter é pesquisador, palestrante, facilitador e estudioso apaixonado do que as empresas precisam para ter sucesso na economia digital. É presidente emérito e cientista pesquisador sênior em meio expediente do Center for Information Systems Research do MIT (MIT CISR), que estuda e trabalha com empresas sobre como se transformar para ter sucesso na Era Digital.

Esse é o sétimo livro de Peter em colaboração publicado pela Harvard Business Review Press. Ele também publicou artigos em *MIT Sloan Management Review*, *Harvard Business Review*, *Wall Street Journal* e outras revistas acadêmicas. Ziff Davis reconheceu Peter como o 24º entre as "Cem pessoas mais influentes em TI" e como o acadêmico de posição mais elevada. Peter tem trabalhado com os problemas da digitalização em comitês executivos e conselhos administrativos de mais de cinquenta empresas do mundo inteiro.

No portfólio da carreira, Peter ajudou a montar os programas de formação de executivos da MIT Sloan para membros de conselhos administrativos e equipes da alta administração com inteligência digital, além de ser assessor estratégico da Insight Partners para identificar as melhores práticas para liderar a transformação das empresas Prontas para o futuro.

INA M. SEBASTIAN

Ina estuda de que modo as grandes empresas se transformam para ter sucesso na economia digital. Sua pesquisa se concentra nas parcerias em ecossistemas digitais. Ela se interessa principalmente pela maneira que as empresas coordenam a colaboração no ecossistema quando fazem parcerias em vários setores, de maneira basicamente nova, para resolver desafios complexos.

Ina é cientista pesquisadora do Center for Information Systems Research (CISR) do MIT. Antes de entrar no MIT CISR em 2014, ela fez doutorado em administração internacional com foco em sistemas de informações na Universidade do Havaí, onde estudou o papel das tecnologias digitais na coordenação de equipes mutidisciplinares de assistência médica. Antes do doutorado, foi analista do setor na Bay Area.

Os artigos de Ina sobre ecossistemas digitais, estratégias digitais, re-design organizacional e local de trabalho digital foram publicados na *MIT Sloan Management Review, Management Information Systems Quarterly Executive* e em outras revistas acadêmicas.